HIIT 体脂肪が落ちる最強トレーニング

岡田 隆 著
日本体育大学准教授、理学療法士、JOC強化スタッフ

サンマーク出版

知らぬ間に加齢とともに体は壊れゆく

―誰もが死への階段を駆け上っている―

通勤などの移動ではエスカレーターやエレベーターに頼りきり。その気になれば、すべての連絡がメールやＳＮＳで済ませられるため、下手したら社内をウロウロすることすらない。しかも長時間労働のすき間時間までスマホに奪われて、運動でしっかり汗を流すこともままならず、デスクの前で凝り固まった体をもて余す日々……。

さらに、コンビニやファミレスがあるから24時間食に困らない。不規則な生活のなか気の向くままに食べていれば、摂取エネルギーと消費エネルギーのバランスは当然崩壊する。生活の近代化やＩＴ化の波に乗りに乗った結果、糖尿病、高血圧、脂質異常症、そして肥満の〝死の四重奏〟を患う人が激増したのは当然だろう。

加齢や運動不足によって柔軟性を失った血管は、今この瞬間も酷使され続け、それが長年続くと血管壁に傷がついて厚みを増す。さらに糖や脂質にまみれた血液によって血流は滞り始め、弱った血管はいつ破裂してもおかしくない状態に。

やっかいなことに心臓や血管の病気は自覚症状もないため、知らぬ間に進行する。肥満や不調から脱するには、1秒でも早くこのヤバい状況に気づき、危険因子を取り除かなければならない。

あまり意識したことはないかもしれないが、体は「消耗品」だ。悲し

20歳以上の約7割に運動習慣なし

所得と生活習慣等に関する状況（20歳以上の男性）

		世帯所得200万円未満		世帯所得200万円以上～600万円未満		世帯所得600万円以上	
		人数	割合または平均	人数	割合または平均	人数	割合または平均
食生活	穀類摂取量	423	535.1g	1,623	520.9g	758	494.1g
	野菜摂取量	423	253.6g	1,623	288.5g	758	322.3g
	肉類摂取量	423	101.7g	1,623	111.0g	758	122.0g
運動	運動習慣のない者の割合	267	**70.9%**	973	**68.0%**	393	**68.2%**
	歩数の平均値	384	6,263	1,537	7,606	743	7,592

平成26年「国民健康・栄養調査」の結果 厚生労働省

若くして関節や筋肉が衰えがちに

有訴者率の上位5症状

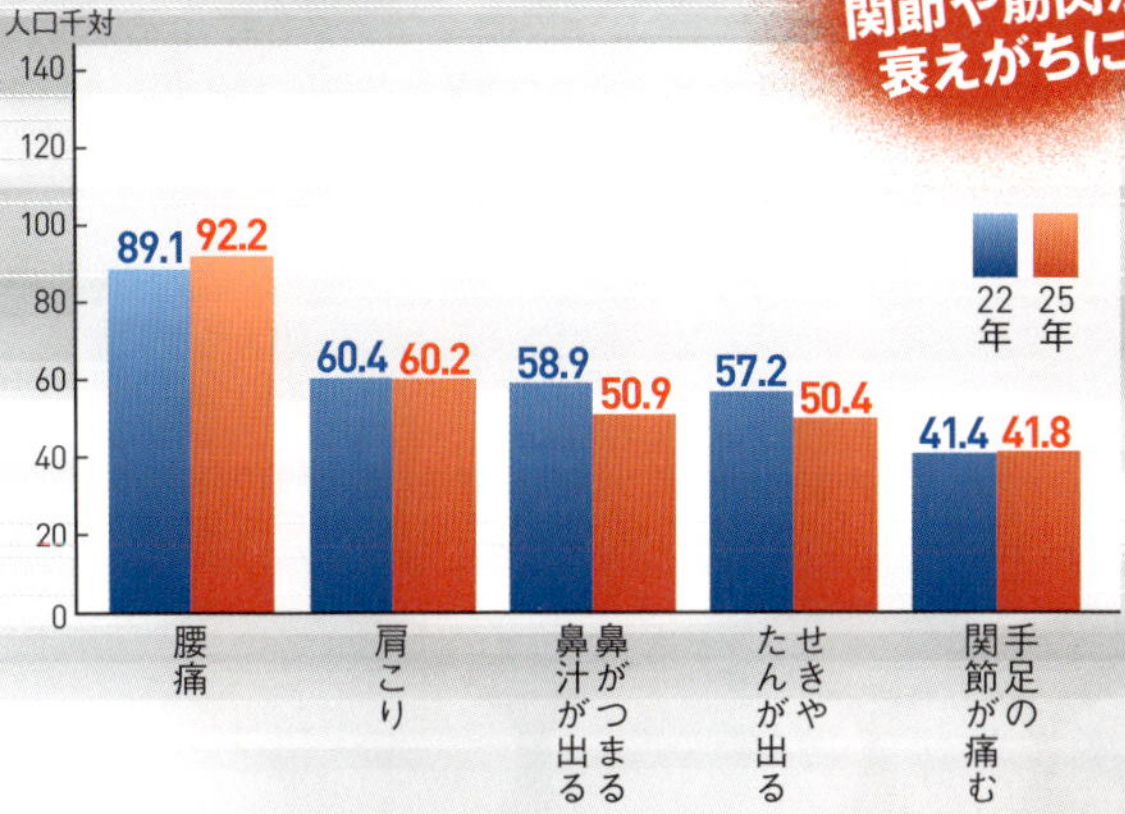

平成25年「国民生活基礎調査の概況」厚生労働省

脂肪を蓄え血管はもろくなる

通院者率の上位5傷病

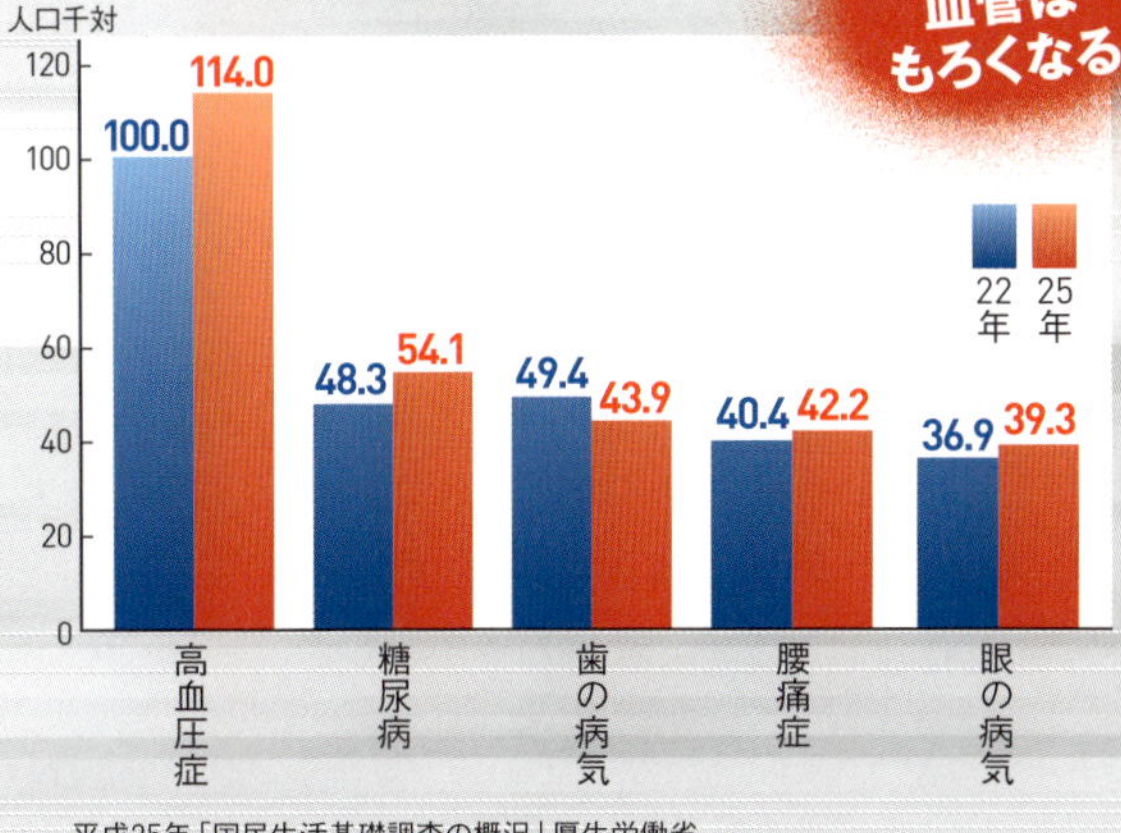

平成25年「国民生活基礎調査の概況」厚生労働省

いことに関節も血管も一度壊れたら元には戻らない。適度に動かすことが、過剰な消耗に歯止めをかけ丈夫にする唯一の手段だろう。

どこかが壊れるような生活をしている人の体は、すでにもろくなっている。要介護の人が激増し、しかも若年化している現実を直視すべきだ。

「食事だけ変えてやせる」が危険な、本当の理由

残念ながら、ほとんどの人は20代を境に年1％ほど脂肪が増えていく。そして近年、日本人男性（30代以上）の3人に1人がＢＭＩ25以上の肥満に。うち半数が健康障害をともなう「肥満症」だ。

この危機的状況を理解し行動を起こすのはすばらしいが、それが「運動する時間はないし面倒」と考えての極端な食事制限だとしたら、あまりに短絡的だ。たとえば朝はりんごかゆで卵、ランチはそばで夜は炭水化物抜き。おそらく最初は、気持ちいいほど勢いよく体重が落ちるだろう。気分が乗って腹筋運動でもしようものなら、瞬間的に腹が割れるかもしれない。

だが、こんな食生活が一生続くはずはない。必ずやせ止まってテンションが下がるし、食べられないストレスは心を蝕むからだ。しかも食事制限のみの減量は、脂肪も減るが筋肉がガツンと減る。エネルギーを使ってくれる筋肉が減れば、消費エネルギーはどんどん落ちて「脂肪が燃えない体」になり、いつしか蓄える一方に。

では流行りの糖質制限はどうかというと、安価なご飯やパンを食べられないぶんを、赤身肉や魚といった良質なタンパク質や低糖質の野菜など割高な食材で補うことに。毎食ご飯やパンをしっかり食べてきた人の場合、食費が倍になるとまでは言わないが、高いコストを払い

基礎代謝量は
20代から
転げ落ちる

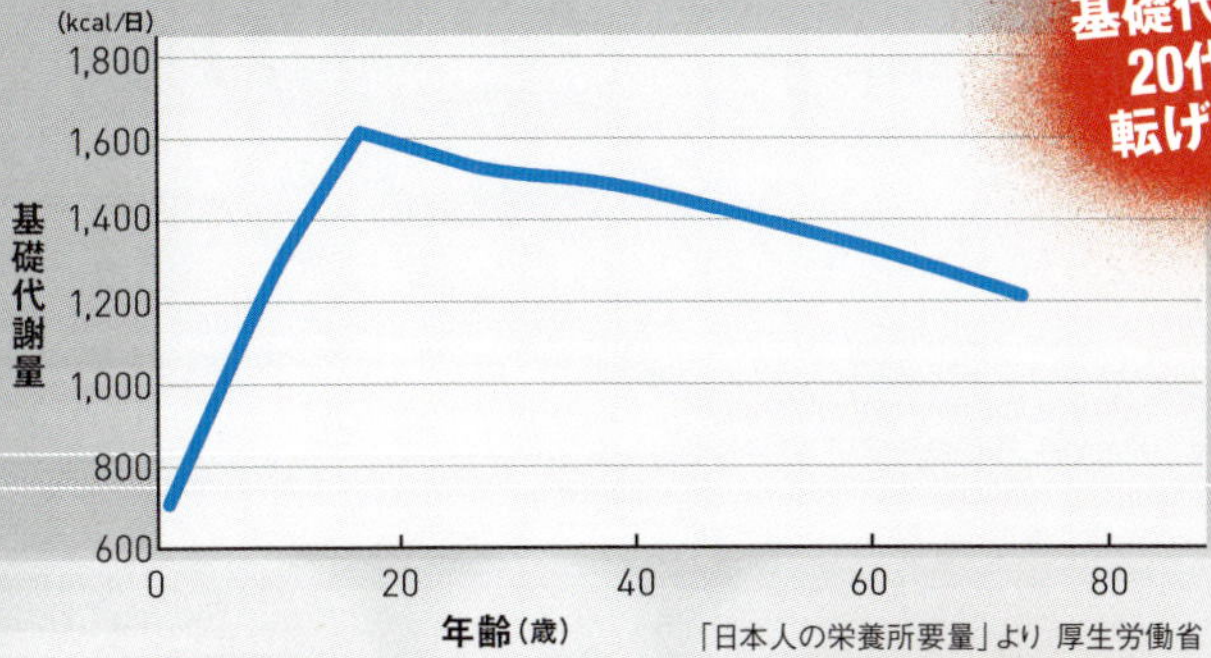

「日本人の栄養所要量」より　厚生労働省

肥満者（BMI≧25 kg/m²）の
割合（20 歳以上の男性）

30代で
肥満が急増

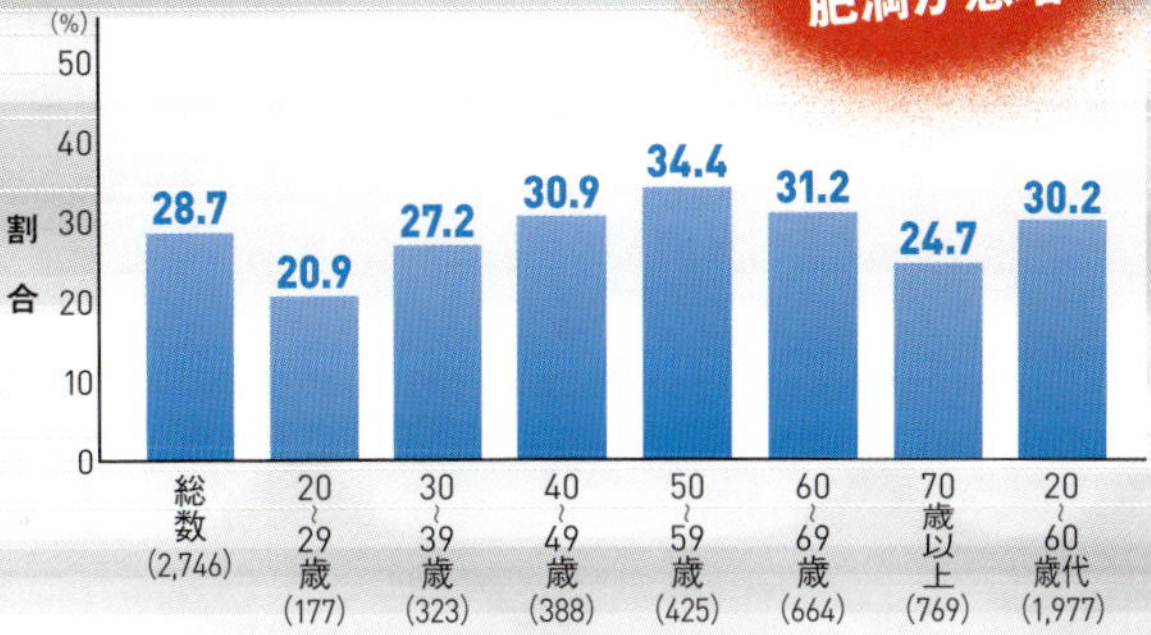

平成26年「国民健康・栄養調査」の結果　厚生労働省

32.9±1.5歳の女性を対象に
減量に関する介入を8週間行った実験

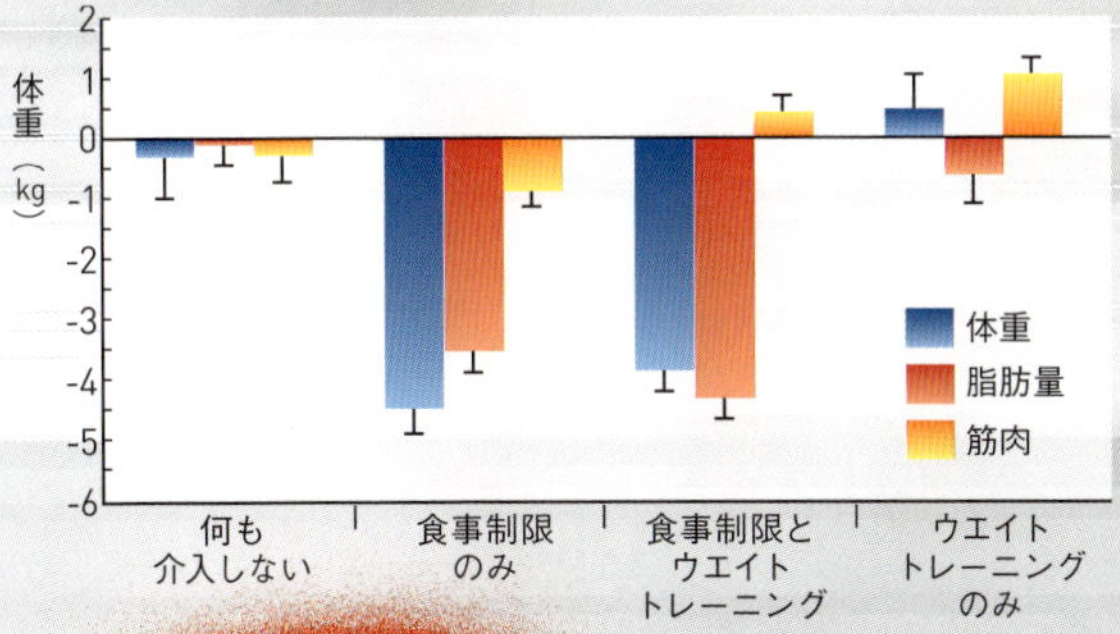

(Ballor et al., 1988)

「食事制限のみ」は
基礎代謝が
減って太る

続ける覚悟が問われる。結婚や家の購入など出費が増えがちな世代なら、金銭的な余裕がないと継続は難しいだろう。

「食事量を減らせばやせられる」が通用するのは代謝の活発な20代まで。加齢によってやせにくく衰えやすくなった体から、脂肪だけ削ぎ落として精力的に生きるには、別の選択肢が必要だ。

体脂肪を選択的に落とし
最短ルートで理想の体に
デザインする

HIIT

High Intensity Interval Training

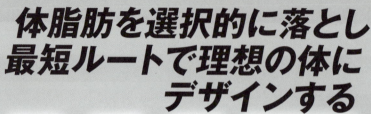

衰え、醜悪に貶《おとし》められつつある現代男性の体を救う最強のトレーニング、それが『HIIT』だ。

どんな運動にもメリットとデメリットがある。たとえば有酸素運動の代表とも言えるランニング。脂肪燃焼や体力アップには最適だし、気持ちよく走れるようになればストレス解消にもなる。だが習慣化するまでが大変だし、体に多少の自信がないと外を走ることのハードルは高い。しかも筋肉をつけたい部位は選べない。筋トレなら、人目を気にせず自宅でもできるし部位ごとに取り組める。ところが、しっかり脂肪を燃やせるほど長く続けられるものを見極めて「正しく行う」のは難しい。もちろん体にも負担がかかり、運動不足なら靭帯《じんたい》や腱《けん》を傷めるおそれもある。

そんなデメリットを最小限に抑え、有酸素運動と筋トレ、双方のメリットを享受できるのが本書のHIITだ。ストレッチや筋トレ要素を持つ動作を断続的に繰り返すことで、エネルギー消費量を稼ぎつつ筋肉の柔軟性とパワーを養成。二兎を追い一兎も逃さないトレーニングは、時間がなく体も弱りがちな現代人に最適と言える。慣れてくれば有酸素運動と組み合わせる、あるいは鍛えたい部位にフォーカスしたオリジナルHIITで、理想の体に最短ルートで近づくことも可能だ。

脂肪燃焼

心肺機能アップ

体力の向上

筋力の強化

代謝量アップ

シャープなボディライン

有酸素運動効果＋筋トレ効果が自宅で手軽に得られる!

最短距離で理想を実現するHIITなら
誰よりも早く、人知れず体を変えられる！

そしてＨＩＩＴが多忙な現代人に最適なトレーニングと言えるもう一つの理由が、超短時間で高い効果を得られる点だ。

ＨＩＩＴは「20秒間しっかり動いて10秒間休む」を8種目繰り返すのが基本で、これを1～3セットこなして心肺機能と筋力を効率よく高めていく。時間にして1セット4分で、１００kcal前後のエネルギー消費が期待できる。

「たった１００kcal？」とあなどるなかれ。トレーニング終了後も高い脂肪燃焼率を保ち、基礎代謝量が長時間にわたり20％ほどアップし続けたという実験結果がある。運動翌日からの48時間で、なんと８００kcal近くが「勝手」に消費されたとの報告もあり、それ以外の時間でも最低２００kcalは消費されたことが推測できるデータまである。

ＨＩＩＴにかかる時間はわずか数分だが正直、後半になるほどキツい。だが筋力も持久力も、ダラダラと中途半端に刺激するよりガツンとやったほうが、じつは圧倒的に早く強く成長する。

そして年齢と関係なく筋肉は鍛えられ、運動による効果は体にありとあらゆる好影響を及ぼす。「もう若くないから」「どうせ変われないから」と諦めてはいけない。1日5分もかけずにできるＨＩＩＴで、全身を覆った脂肪の鎧《よろい》を一気に脱ぎ捨てよう！

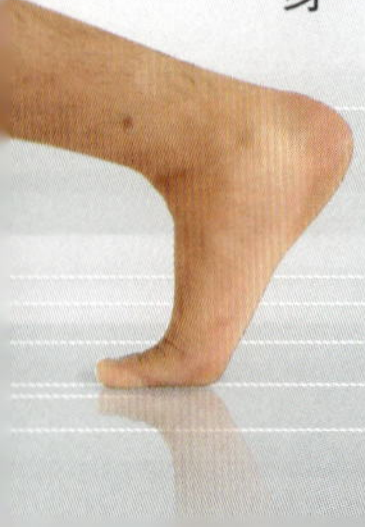

運動中の消費エネルギーは
筋トレやランニングの
2倍！

HIITは1セット4分間で
100kcal前後を使い、
トレーニング後何もしなくてもさらに
1000kcal
消費することも可能

IIT 7つのメリット

1 肩こり・腰痛を
やわらげる
2 猫背などの
悪姿勢から脱する
3 メタボ・ロコモに
打ち勝つ
4 若さと活力を
キープする

HIITで脂肪を落とし血液の巡りがスムーズになると、やせる以外にもうれしいおまけがついてくる。脂肪が落ちれば体は軽快さを取り戻して、疲れにくくなる。筋肉がつけば関節や靭帯《じんたい》への負担は減り、猫背やぽっこりお腹の補整も可能。苦もなくビシッとした姿勢を保て、自信にもつながるだろう。運動によって血流が上がれば、血管の内皮細胞に良い刺激が加わるため修復や成長がうながされ、血管がどんどん強くなる。重大な病気と関わりの深い、脳や心臓を含む血管系の健康を増進できるのだ。肩こりや腰の痛み、あるいは痔《じ》などの対策にもなる。

まだまだあるHI

筋力（筋持久力）がつく **5**

全身持久力がつき
精力もアップ **6**

7 関節の痛みを防ぐ

もしもあなたが20～30代だったら、心配なのは肥満くらいで老後の自分など想像できないだろう。それに運動をしなくても、暴飲暴食を続けても、もしかしたら幸運にも太ることなく過ごせるかもしれない。だが年を重ねるごとに節々が痛むようになって、筋トレはおろか軽いジョギングさえできなくなり、プールでのウォーキングが精いっぱい、という中高年になる危険性も充分すぎるほどある。

日々、体をベストな状態に近づけるメンテナンスをすることは「いつでも脱げる体」をつくるのはもちろん、肥満や寝たきりにおびえることのない、明るい未来を引き寄せるのだ。

ntents

CO

contents

staff credit

ブックデザイン　野口佳大(梅田敏典デザイン事務所)

イラスト　内山弘隆

編集・執筆協力　長島恭子(Lush!)

校　正　ぷれす

写真撮影　金田邦男

動画撮影　西嶋航司　有住紀重

DVD編集・制作　浅野祐紀(株式会社メディアスタイリスト)

モデル　岡本竜太　豊森ちはや(SATORU JAPAN)

ヘアメイク　TOM(f-me)

衣装協力　アディダス ジャパン株式会社(アディダスグループお客様窓口 0570-033-033)

編　集　小元慎吾(サンマーク出版)

本書の見方

NGやOK写真では、
確実に効果を出すための
最重要ポイントを解説

この種目で向上が
期待できる3つの能力値の
バランスを表示

動きをよりスムーズに行い
筋肉痛を防ぐためのストレッチを紹介

"easy"と"hard"で
身体レベルに合わせての
動きを提案

1種目にかかるカウント数

DVDで動きを確認できる

現在の種目と
プログラムの流れが
一目でわかる

付録DVDについて

DVDには本書に紹介するすべてのプログラムを収録。
動画に合わせて各種目をこなせば、カウントを確認する手間がはぶけるうえ
正しい動作でプログラムを効果的に行えます。

step 1 DVDディスクをプレーヤーにセットして再生する

step 2 メニュー画面から行いたいプログラムを選択

DVDの再生が始まるとメニュー画面が表示されます。方向キーを使い、行いたいプログラムのボタンを選択してください

step 3 プログラムまたは動きを確認したい種目を選択

プログラム別のトップ画面が表示されます。方向キーを使い、プログラムをスタートしたい場合はプログラム名を、各種目の動きを確認したい場合は種目名のボタンを選択してください。より多くの脂肪を燃やすなら、ナレーションONを選んで大きくすばやく動きましょう

使用上の注意とお願い

- このDVDはDVD再生プレーヤーやDVDを再生できるパソコンなどでご覧いただけます
- 一部の機器では再生できない場合がございますので、ご了承ください
- 再生機器の各機能および操作方法は、取扱説明書をご確認ください
- 再生による事故や故障などの責任は負いません
- 本書・DVDに収録されているものの一部、または全部について、権利者に無断で複写・複製・改変・転売・インターネットなどにより配信・上映・レンタル（有償・無償問わず）することは法律で固く禁じられています

CHAPTER 1

なぜHIITで脂肪が落ちるのか？

効率的に体を改造する最強のトレーニング それがHIIT

High Intensity Interval Training

HIIT（=High Intensity Interval Training）は"High intensity（高い強度）"とあるように、高強度の運動を取り入れたトレーニング法だ。短時間行うだけで体脂肪をガンガン燃やす体になるので、効率的に肉体改造できる。「キツめ」と「軽め」の運動を交互に繰り返す、インターバルトレーニングの進化系と言える。

世界的に大流行した日本発の『TABATAプロトコル』も、このHIITの一つだ。こちらは「20秒間の高強度運動をしたら10秒間休む」を8回行うトレーニング法で、ごく簡単に説明すると「ほぼ全力で動いて少し休憩する。限界まで繰り返す」。もともと、トップアスリートであるスピードスケートの日本代表選手を強化するために開発されたものだが、体力や筋力が爆発的に向上する点に世界中のフィットネス愛好家が着目。欧米を中心に一大ブームになった。

この**HIITから得られる効果は心肺機能、筋持久力、運動能力の向上など多岐にわたる**。どれを優先的に向上させたいかでカスタマイズできるのも魅力的だ。たとえばアスリートなら心肺機能と筋持久力を爆発的に向上させるTABATAを、筋肉をつけたいならウエイトやマシンを使った高負荷のプログラムを組めばいい。

本書のHIITはTABATAの「20秒、10秒」をベースに、体脂肪を落とし体をデザインしつつ、現代人が低下しがちな筋力や柔軟性の向上まで実現できる。

1回行うのに必要な時間は、わずか4分。運動習慣のない人やとりあえず脂肪を落としたい人に、体脂肪が燃え体が変わっていく楽しさを体感してほしい。

有酸素運動とは？

呼吸によって取り込んだ酸素を消費し、体内に大量に蓄えられた脂肪を分解してエネルギー源にするため、長い時間でも続けやすい。代表的なのはウォーキングやジョギング、ゆったりペースの水泳など。内臓脂肪・皮下脂肪燃焼によるシェイプアップ効果、心肺機能や体力の向上が期待できる。有酸素性エネルギー供給システムに強く依存した運動

無酸素運動とは？

脂肪よりも少量しか蓄えられないグリコーゲンやブドウ糖を、体に少し無理をさせて酸素を使わず直接的にエネルギーにする。代表的なのはダッシュや筋トレのように、瞬発的に力を出しきるタイプの運動。大きな力を発揮したぶん筋力が上がり筋肉もつきやすくなるが、短時間しか続けられない。無酸素性エネルギー供給システムに強く依存した運動

※有酸素運動と無酸素運動を完全に分けて考える人が多いが、実際はどちらも同時に使われていて、比率がどちら寄りかで判別している

2つのHIIT

HIITとは……

High Intensity Interval Training

数十秒から数分行う高強度の運動を繰り返すインターバルトレーニング。
決まったやり方はないが、一般に合計時間を4～30分に設定する。
TABATAプロトコルや「クロスフィット」といったトレーニング法がある。

TABATA PROTOCOL（タバタ・プロトコル）

High Intensity Intermittent Training

スピードスケート日本代表のトレーニングとして、当時の入澤孝一コーチが考案。これを論文にして1996年に発表した田畑泉氏の名前を冠し、世界では『TABATA PROTOCOL』として知られる。

特徴

- 基本は「強度の高い運動20秒＋10秒休憩」を8回行う
- 心肺機能や筋持久力などを高め、体力が飛躍的に向上
- 立ち上がれないほど疲労困憊《こんぱい》するまで追い込むことで高い効果を得るため、一般の人が正しく行うのは難しい

本書のHIITの特徴

- **「20秒間しっかり動く＋10秒で休みつつ次の動作の準備（ポジションチェンジ）」を1種目とし、基本は8種目で構成。1～3セット行う**
- **所要時間は1セット4分**
- **脂肪燃焼と体力向上を目的とし、心肺機能と筋力を効率よく鍛えられる**

HIITがスゴい理由 1

後半に
なるほど
燃焼効果が
アップ

消費エネルギーは
ランニングや
筋トレの
2倍以上。

しかも体が
「脂肪燃焼モード」に

HIITは自宅で手軽にできる道具不要のシンプル自重トレ

有酸素運動効果
脂肪燃焼、
心肺機能の向上

※成長ホルモンとは、その名のとおり骨や筋肉などの成長や合成をうながすホルモン。
体を休める睡眠中や、ハードなトレーニングをするなど過酷な環境に追い込まれると分泌量が増す

脂肪分解物質の分泌をうながし「いつでも燃える体」に

多忙な現代人が運動を始めるなら、一人でできて時間も場所も選ばない、しかも準備も最低限のものが望ましいだろう。となると有力候補はランニングや筋トレになる。ＨＩＩＴは、この両者より運動中のエネルギー消費量が多い。

体重80kgの人が10分間運動した場合の値を出してみよう。ジョギングは７ＭＥＴｓ、ランニングは８・３ＭＥＴｓという運動強度なので〈体重（kg）×ＭＥＴｓ×時間（０・17）×係数（１・05）〉で計算すると、結果はそれぞれ99・96kcalと１１８・52kcal消費となる。筋トレも同様に算出すると85・68kcal。ＭＥＴｓのないＨＩＩＴは、実際に10分間行い消費エネルギーを算出したところ約２００kcalに。つまり**同じ時間でランニングや筋トレの2倍程度の消費エネルギーを稼げる**のだ。このようにＨＩＩＴは、時間当たりの脂肪燃焼効率が非常に高い。「短時間で体を絞りたい多忙な現代人に最適」とうたう理由は、ここにある。

こう言うと「たった4分じゃ脂肪は燃えないのでは」と指摘されることがある。残念ながら「運動を始めて20分経過しないと脂肪燃焼のスイッチが入らない」という誤解がいまだ払拭されず、これを「ジョギングなどの有酸素運動を20分以上続けないと脂肪は落ちない」と勘違いし諦めてしまう人も、まだまだ多い。この

METs（メッツ）とは

身体活動の強度を表す単位で、運動によるエネルギー消費量が安静時の何倍かを示す。たとえば1METsはただ座っているだけの状態で、3METsは通常歩行となる。数が多いほどつらい運動になる、と考えるとわかりやすい。この値に体重（kg）と時間、係数をかけると時間当たりの消費エネルギー量を算出できる。

説は、**そもそも「歩行で使われるエネルギー源として、糖を脂肪が上回ったのが開始20分後だった」という論文を曲解したデマ。どんな運動でも最初から糖と脂肪は使われ、その比率が変化するだけ**なのだ。

ＨＩＩＴもいきなり脂肪が使われるし、体脂肪の燃焼をうながす成長ホルモンやノルアドレナリンの分泌を活性化する効果が期待できる。しかも近年話題の、筋肉で糖の代謝物や脂肪を消費してエネルギーをつくり出す中枢とも言える「ミトコンドリア」を増やしてくれる。だから脂肪燃焼モードにスイッチが入った状態を長く保てるのだ。

運動時のエネルギー源

HIITなら4分の運動によって❶をすばやくクリア。体をスムーズに❷の状態へと導き、効率的に脂肪を燃焼させる!

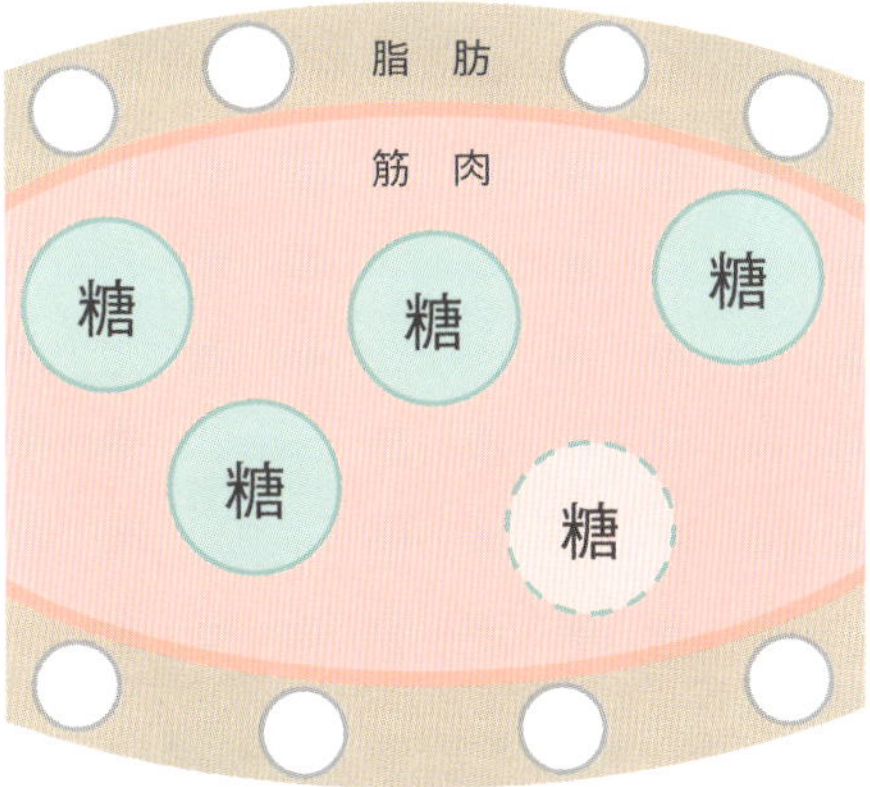

1 まず筋肉などに蓄えられた糖を優先的に使う

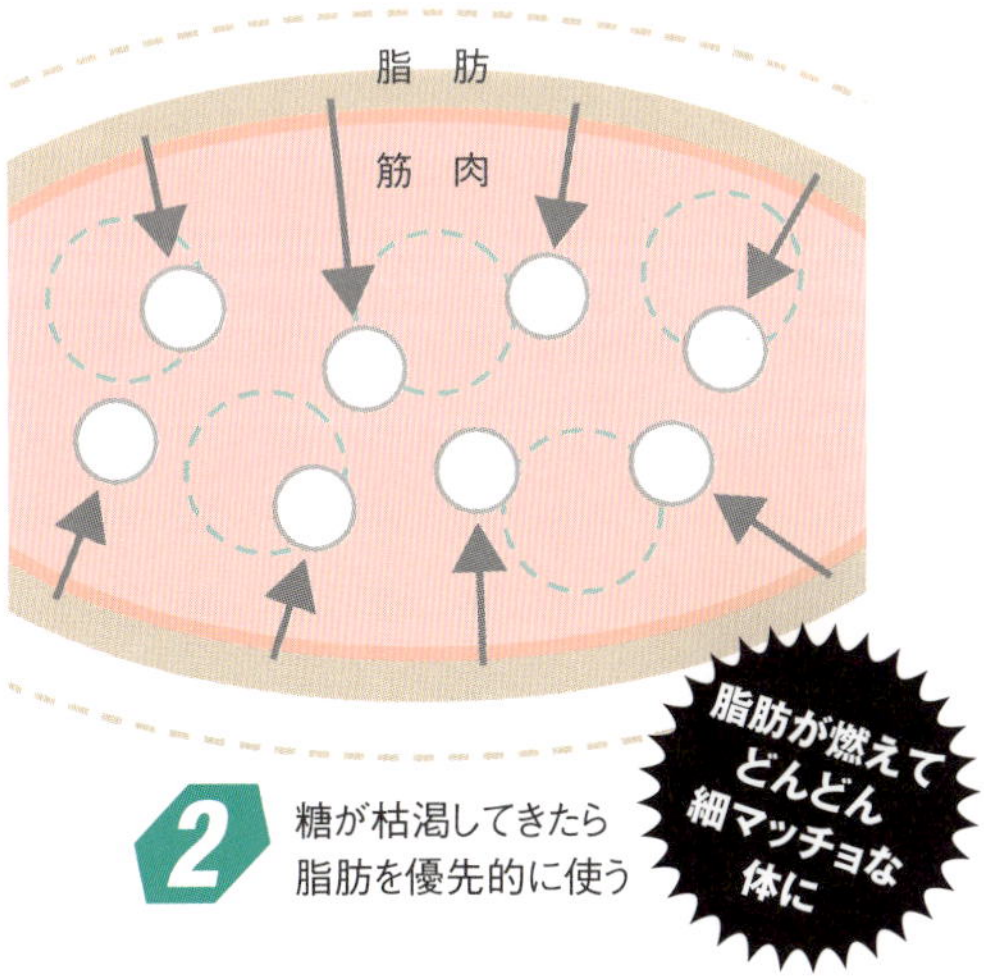

2 糖が枯渇してきたら脂肪を優先的に使う

運動後、何もしなくても800kcal以上消費できる可能性が!

ＨＩＩＴを行うと、トレーニング後も長時間ガンガン体脂肪が燃え続け、膨大なエネルギーを消費し続けてくれる。

ＨＩＩＴで体を追い込むと、ごっそり使われた筋肉内の糖を補てんするために運動後も脂肪は分解・消費され続ける。この反応が『ＥＰＥＥ（運動後過剰エネルギー消費）』。**ＥＰＥＥを一言で説明すると「トレーニング後も勝手に脂肪を燃やし続けてくれる力」で、普段より多量のエネルギーが消費される。**ＥＰＥＥはある程度強度の高い運動によって増加するもので、ウォーキングやジョギングでは残念ながら得られない。

何もしなくても有酸素運動をしているようなエネルギー消費が続く状態をつくれるなら、長時間かけて歩いたり走ったりするよりもＨＩＩＴを4分こなすほうが、はるかに効率的だ。

ＥＰＥＥを数値で示せるものとしては、**筋トレ後に基礎代謝量が約20％アップしたというデー**

EPEEとEPOC

EPEEを割り出す元となるのがEPOC（運動後過剰酸素消費）。運動中の消費エネルギー量は、運動中に摂取した酸素の量で決まり、酸素の消費量が多いほど消費エネルギーも高まる。EPOCは運動後、酸素の摂取量が安静時と同等のレベルに戻るまでに消費される酸素の量で、この間は有酸素運動に近い、脂肪が燃える反応が見られる。

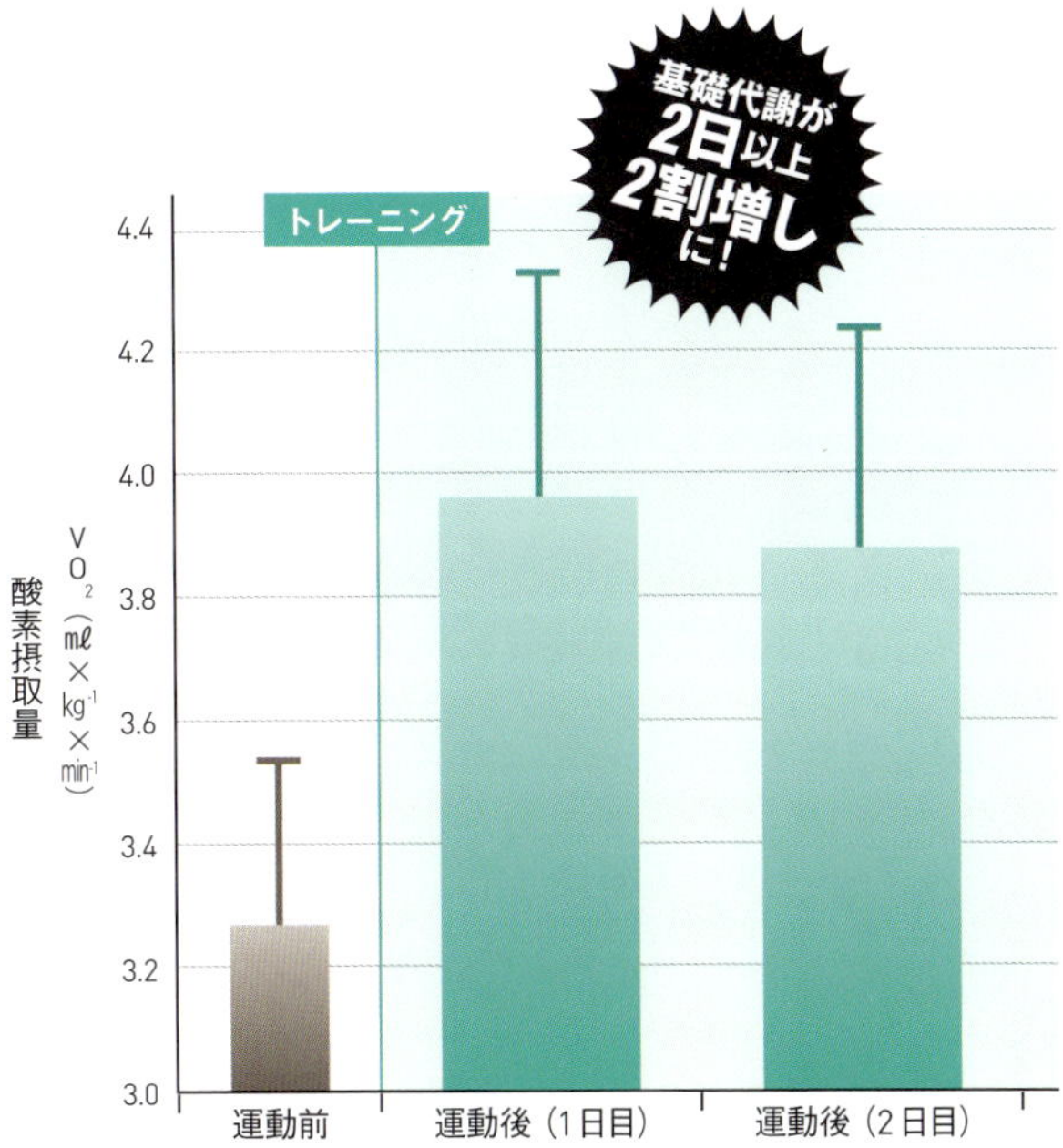

（Shunke MD et al., 2001）

トレーニング前日までと比べ、トレーニングの翌日は21.2%もの酸素摂取量の向上、翌々日には19.3%の酸素摂取量の向上が見られた

※1 平均体重83kgの20代の被験者たちによる実験。ベンチプレス、クリーン、スクワットという大きな筋肉を刺激する種目を、10回で限界を感じるウエイトで限界まで3種目連続行い、4セット（セット間の休憩は2分）こなした（Shunke MD et al 2001）

※2 20代の複数男性が、高強度の筋トレ、低強度の筋トレ、スロートレーニングに分かれてそれぞれ体を追い込んだ結果、どれもトレーニングの38時間後まで計測したEPEEに大きな差は見られなかった（向本ら 2008）

タがあり、トレーニング翌日の朝から48時間後までのＥＰＥＥだけで約８００kcalが消費されたという研究報告もある。

具体的にはトレーニングの17時間後、翌朝からＥＰＥＥを計測して、その日に４０４kcal、次の日には３６９kcal消費した（※1）。この研究では消費エネルギーを計算されていなかったトレーニング直後の17時間で、少なく見積もっても２７４kcalは消費しているので、運動後だけで１０４７kcalは使ったことになる。これを30〜40代の日本人男性に当てはめ基礎代謝を１５００〜１８００kcalとして計算しても、８００〜９００kcalは消費できるはず。ＥＰＥＥは体を追い込むことで上がることが確認されている（※2）ので、ＨＩＩＴをしっかり行えば同様の結果が期待できる。

1日おき、あるいは3日に一度行えば、今より高い代謝をキープでき、習慣化すれば半永久的に脂肪燃焼体質になる、というわけだ。

HIIT がスゴい理由 **3**

1日たった4分で効率的に 体をカッコよくデザインできる

たとえば筋トレに代表される**「無酸素運動」は、筋肉を太くし筋持久力を高める効果に優れている。**しかも筋肉をつけたい部位を選べる。

だが筋肥大を目的とした筋トレは、強度が高すぎてなかなか長時間はできない。しかも、一部位をきちんとこなすためには休憩が必要だ。ジムでも、数秒鍛えて数分休むなど、動いていない時間が圧倒的に長い人は多く、これでは消費エネルギーはごくわずか。

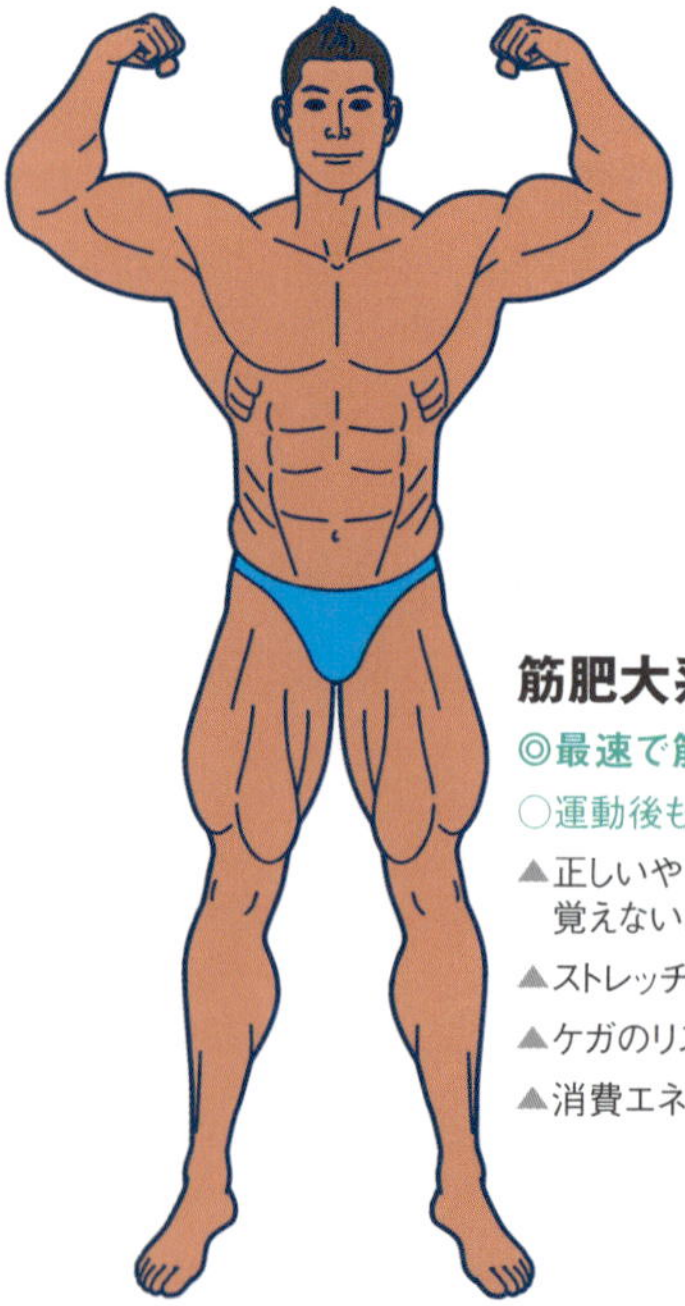

筋肥大系の筋トレ

◎最速で筋肉がつく

○運動後もエネルギー消費できる

▲正しいやり方を覚えないと効果なし

▲ストレッチが必要

▲ケガのリスクがある

▲消費エネルギーを稼ぎにくい

筋力トレーニング

高強度の運動を筋肉に行わせる無酸素性のトレーニング。筋肉に負荷をかけることによる筋線維の破壊、成長ホルモンなどの化学物質を駆使した修復を繰り返すことで筋線維が肥大。筋力、筋持久力がアップする。おもなエネルギー源は、筋肉や肝臓に蓄えられたグリコーゲンや血液に含まれるブドウ糖。

ランニングなどの**「有酸素運動」は、脂肪燃焼効率がよく体力や持久力も向上させられる利点があるものの、筋肉をつける部位を選べない。**余分な脂肪はそぎ落とされるが、数万回も繰り返す着地で脚が酷使され、ふくらはぎの筋肉だけが際立って肥大しやすい。脚だけゴツくて上半身がやせ細った体がカッコいいかは評価が分かれるだろう。その欠点を補うため、長時間のランに加え筋トレまでしたら膨大な時間と労力を要する。

この**両者のメリットだけを同時に得られるのがHIITだ。しかも自宅で手軽にできる。**

HIITは、どちらかというと筋トレ寄りの運動で、おもに大きな筋肉を刺激する。だから脂肪を分解し筋肉をつけるサポートをする、成長ホルモンなどの分泌もうながされる。もちろん**筋肉をつけたい部位を、狙って鍛えることも可能**だ。

脂肪を落としつつ体をデザインする。HIITは時間も労力も最小限に抑え、最大の効果を得たいあなたに最適な「イイトコどり」のトレーニングと言える。

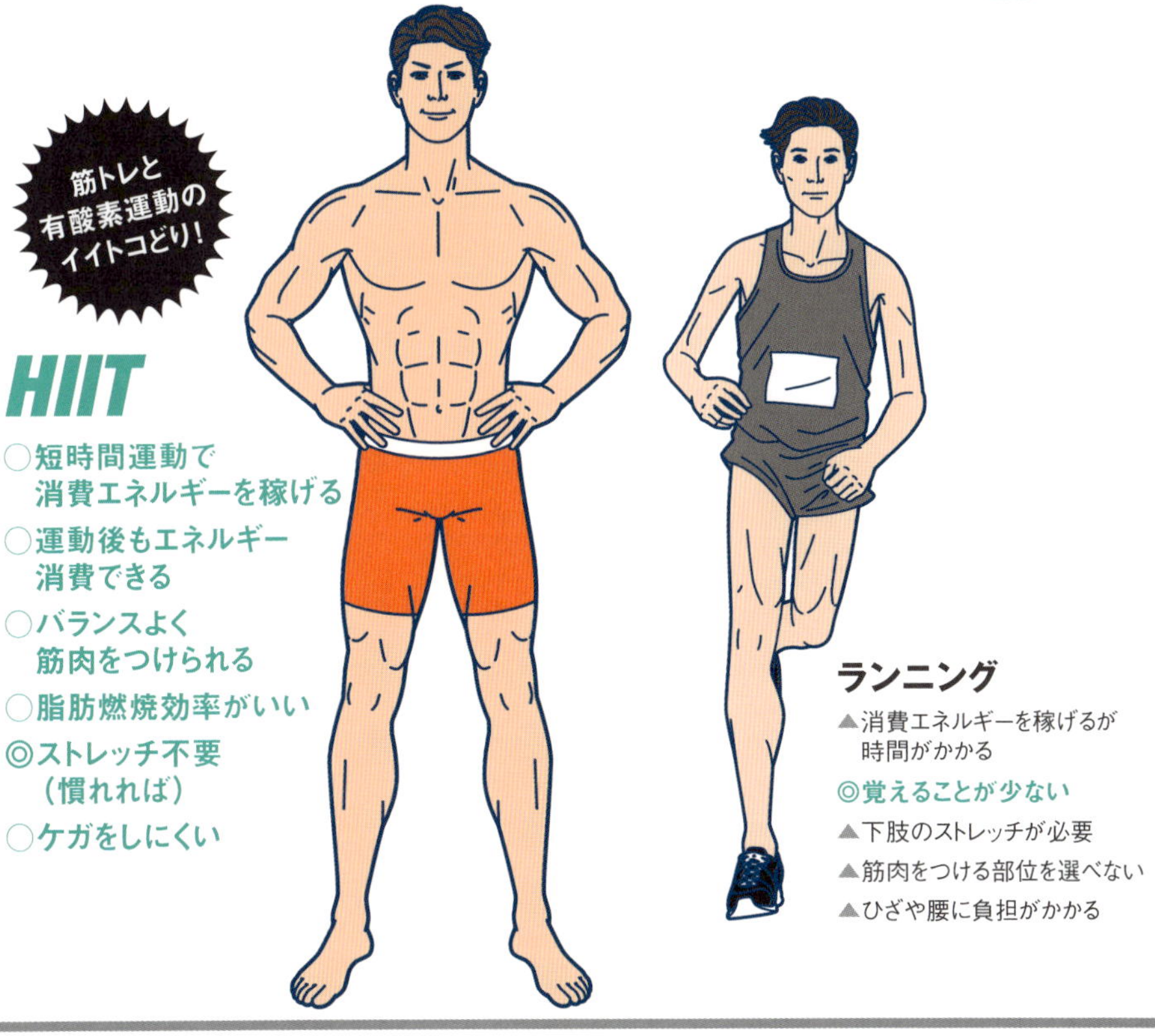

筋トレと有酸素運動のイイトコどり!
HIIT
○短時間運動で消費エネルギーを稼げる
○運動後もエネルギー消費できる
○バランスよく筋肉をつけられる
○脂肪燃焼効率がいい
◎ストレッチ不要（慣れれば）
○ケガをしにくい
ランニング
▲消費エネルギーを稼げるが時間がかかる
◎覚えることが少ない
▲下肢のストレッチが必要
▲筋肉をつける部位を選べない
▲ひざや腰に負担がかかる

HIITがスゴい理由 4

心肺機能が高まり こなすたびに 疲れにくい体に

階段で息切れする人にも 記録を狙うランナーにも有効

心肺機能とは、全身に血液を巡らせる力や酸素を取り込む力のこと。体を動かす習慣がないとどんどん低下してスタミナや活力が失われ、ちょっとした運動でもしんどくなっていく。これが動く意欲を失わせて基礎代謝を下げ、消費されないエネルギーは信じられないペースで脂肪として蓄えられる。そして、ついには体が動かなくなる……という、負のスパイラルに陥ってしまうのだ。ＨＩＩＴには、心肺機能を向上させる高い効果が認められている。

筋肉が力を発揮し体を動かし続けるために必要なエネルギーは、心臓から力強く送り出された血液に乗って、栄養や酸素がたっぷり運び込まれることで生じる。つまり**心肺機能は心拍数と拍出量、そして筋肉に血液を運ぶ毛細血管がいかに多く張り巡らされるかに左右されるということ**。筋肉に栄養と酸素

タフな体に

たった2か月で毛細血管を2割以上増やす

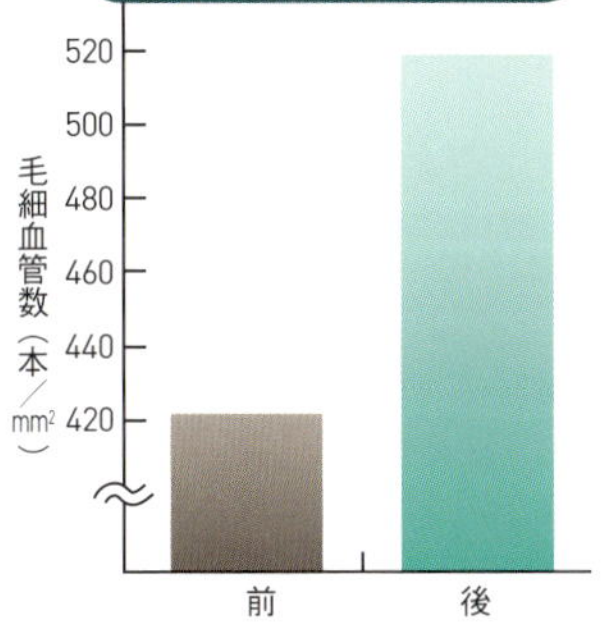

持久性トレーニングによる骨格筋の毛細血管数の変化（Klausen 1981）

筋肉への血流量を10～20倍に跳ね上げる

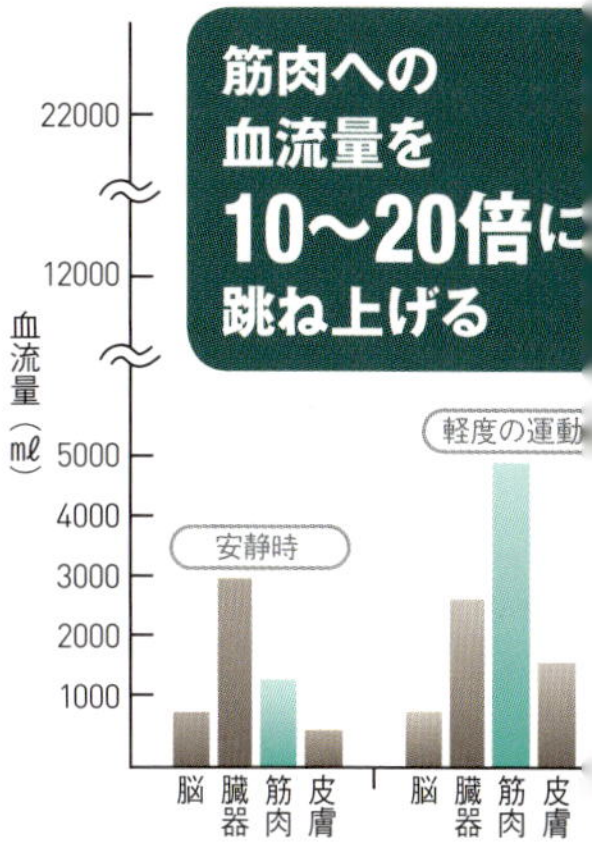

運動強度の増加にともなう各組織での血流量の変化（Andersen 1968を改変）

疲れない体づくりには中・高強度の運動が効く

安静時は全体の約20%だった筋肉への血流量が、激しい運動時には88%と圧倒的に増え、持久性トレーニングを8週間こなすと毛細血管は約22%増加する。HIITをすると筋肉はより多くの酸素供給を受けることが可能となり、心臓が肥大して最大拍出量も増すのだ。

を運ぶ血流量は、軽度の運動よりも中度、高強度の運動で増す。また、有酸素性の運動をすると筋線維を取り囲む毛細血管は増え、筋肉はより多くの酸素を受け取ることが可能になる。

血流量が増えるほど多くの酸素が筋肉に届いて、多くのエネルギーが使われる。逆に言えば、筋肉に栄養と酸素を送る必要性を感じさせることが、毛細血管の発達につながるとも考えられる。

この心肺機能は、わずか5分以下の運動でも向上する。本書のHIITは大筋群をよく使うことで、心拍数をスムーズに上げる。極限まで追い込むTABATAほどではないが、**こなすほどに血管の網を広げ、体力、持久力、そして活力を鍛え上げる**のだ。

全身持久力が高まれば、階段を一気に駆け上がって、激しい動悸や息切れに青くなり情けない思いをするようなことはすぐになくなる。ランニングや水泳などのスポーツを習慣化する意欲も湧き、もっと動ける体になれるだろう。

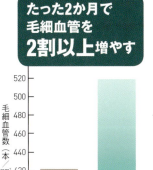

日々衰える内臓や骨、壊れゆく血管に歯止めをかける

年1回の健康診断で〝メタボリックシンドローム（以下、メタボ）〟と宣告され、肥満傾向や脂質異常症、糖尿病、動脈硬化、高血圧などのリスクを指摘されても「いや〜最近、僕もすっかりメタボですよ」などと言いながらお腹をさするだけで、特に対策をしない人は多い。

メタボは、かなり進行しても不調を感じない点が問題を深刻化させる。自覚症状がないと危機感も生じにくい

メタボリックシンドローム

内臓脂肪型肥満が認められたうえ、脂質異常症、高血糖症（糖尿病）、高血圧のうち2つ以上が該当する臓器の疾患。乱れた食生活と運動不足により血中コレステロールや中性脂肪が必要以上に増え、動脈硬化が進行する。心筋梗塞、脳梗塞に至る危険性も高い。

ロコモティブシンドローム

代表的な疾患は、変形性関節症や骨粗鬆症、変形性脊椎症や脊柱管狭窄症、あるいは関節リウマチなど。加齢による筋力や持久力、バランス能力の低下による転倒、骨折を含め、寝たきり生活や認知症を引き起こす主因となっている。

から、生活習慣や食生活の指導を受けても実践できない。もちろん、そのあいだも体内は着実に蝕まれ、血管や心臓、肝臓といった臓器の状態は悪化。そしてある日突然、心筋梗塞《こうそく》や脳卒中を起こして死に至る、あるいは深刻な病状や後遺症により何十年も介護が必要になる、というバッドエンドへの道をひた走る。

そこを乗り越えても次に待ち受けているのが、老年期の〝ロコモティブシンドローム（以下、ロコモ）〟。ロコモは加齢による運動器の衰弱や疾患を指すが、ちょっとした転倒で骨折して寝たきり生活が始まり、介護問題や認知症につながることが、いまや社会問題となっている。

どちらも、日々のちょっとした運動の積み重ねが予防につながる。

運動による血流の促進や脂肪燃焼は、ドロドロ血や心臓・脳血管疾患のリスクを軽減し、高齢化にともなう筋力・体力の衰弱にもストップをかける。しかもＨＩＩＴなら1日たった5分以下で、メタボ・ロコモ対策として充分すぎるほどの運動効果が得られるのだ。

筋肉量の20歳からの変化率（男性）

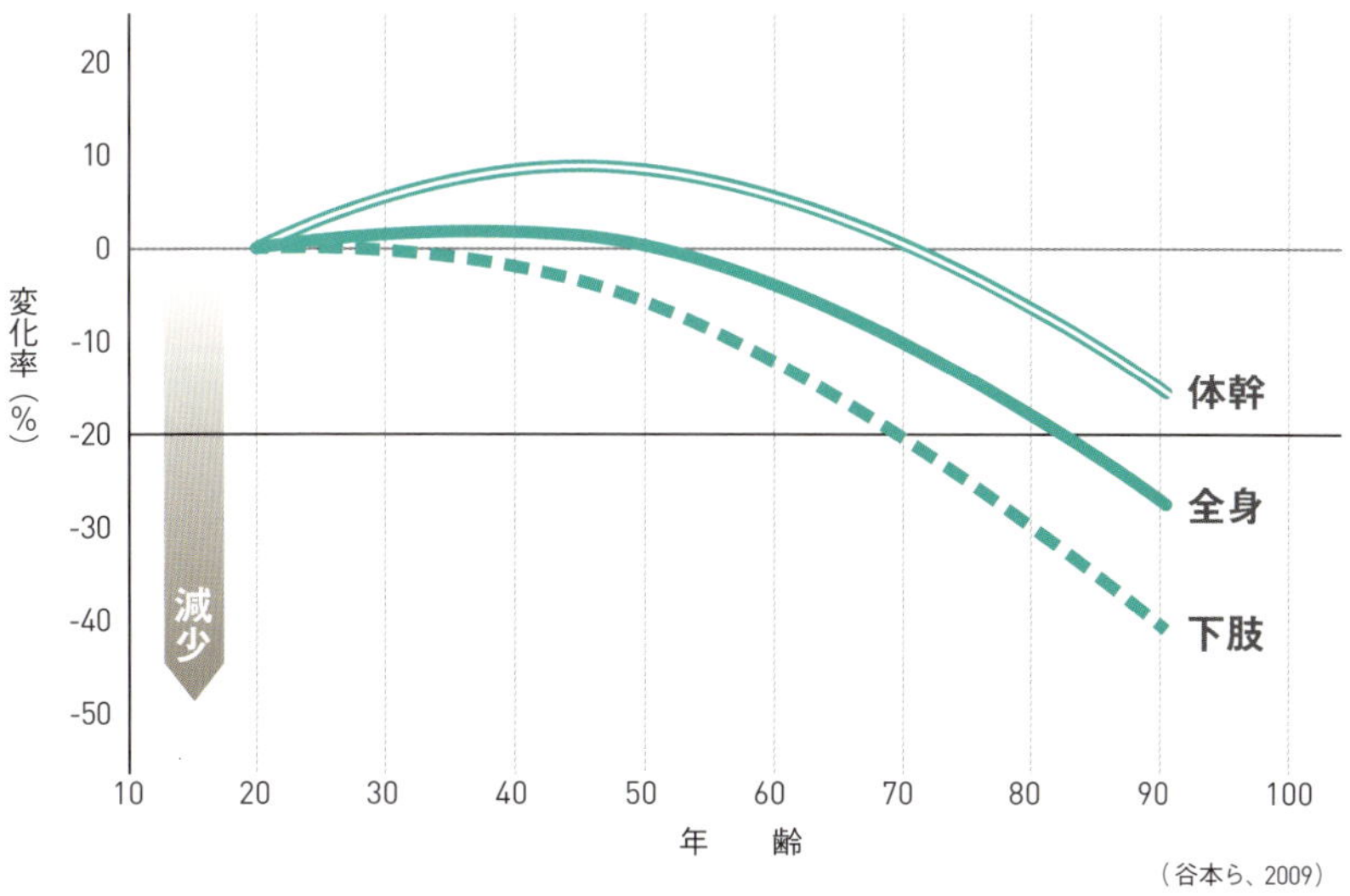

（谷本ら、2009）

めざす体を手に入れよう

HIIT program

プログラム

本書のＨＩＩＴは、運動から遠ざかっている人、体力の低下を感じる人、ジムなどに通った経験のない人でも、すぐ始められるプログラムで構成した。脂肪燃焼、体力・活力の強化をメインに、柔軟性アップ、肩こりや腰痛といった不調の解消も期待できる。はじめは動きやすい範囲で無理なくゆっくり、慣れたら大きく、すばやく動作しよう。

ＨＩＩＴがほかの運動より圧倒的に優れているのは、１日たった４分でも体を変えられる点にある。短時間でできる利点は、多忙な人や運動を継続できない人の助けになる。もちろん室内でできるものを中心にしたので、準備も不要。朝・昼・晩、タイミングを問わず、思い立った瞬間に始めてほしい。

次から次へと違う種目をクリアしていく本書のプログラムは、ゲーム感覚で取り組める。単調な動作より達成感を得やすく、継続のモチ

ベーションにもつながる。**付録ＤＶＤの動画に合わせて動くだけで１セット４分をこなせるのも魅力的だ。**

　慣れてきたら、目的に合わせたオリジナルＨＩＩＴを組むのも手だろう。

　ほかの運動をしている人も、取り入れることでのメリットが期待できる。たとえばウォーキングやランニング、水泳といった有酸素運動を長く続けていると、運動による刺激に体が慣れて息が上がらない、汗をかかないなど、物足りなさを感じるようになる。そこで運動前にＨＩＩＴをプラスすると、新たな刺激を体に与えられるうえ、脂肪燃焼効率も上がる。

　動きに慣れてきたら数セット行うのもいいし、好きな種目をチョイスしアレンジしてもいい。

　ここでは、基本となるプログラム構成と体力や目的に応じたアレンジ例も紹介する。ぜひＨＩＩＴで、めざす体を手に入れてほしい。

EASY・HARDプログラム

運動不足でもできるEASYプログラム

easy 2種目×2サイクル または
4種目×1サイクルで終了

20 sec ▶ 1 エクササイズ

▼ ポジションチェンジ 10 sec

20 sec ▶ 2 エクササイズ

▼ ポジションチェンジ 10 sec

20 sec ▶ 3 エクササイズ

▼ ポジションチェンジ 10 sec

20 sec ▶ 4 エクササイズ

▼

FINISH!

STEP UP! HARDプログラム

hard 1
エクササイズを
スピードアップし20秒で
動作する回数を増やす

hard 2
種目やセット数を増やす

1エクササイズ 20 sec
＋
ポジションチェンジ 10 sec
×
12〜16種目 or 2〜3セット

hard 3
1種目のエクササイズ
時間を延ばす！

1エクササイズ 30 sec
＋
ポジションチェンジ 10 sec
×
8〜12種目

目的別プログラム

アレンジ 1
脂肪燃焼を
強化

有酸素運動にプラス
HIIT
＋
有酸素運動

アレンジ 2
筋力、脂肪燃焼、
柔軟性を
トータルに強化

CHAPTER 2
＋
CHAPTER 4

アレンジ 3
気になる
部位の筋力強化
や引き締め

すべての
プログラムから
好きな筋トレを抽出

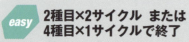

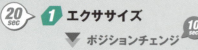

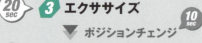

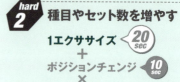

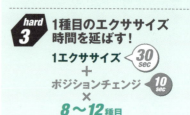

弱った体に
活力を呼び起こす
HIIT

CHAPTER 2

弱った体に活力を呼び起こす

HIIT

を激し

を取り戻せ！

「体脂肪はすぐにでも落としたい。でもいきなり激しく動くのは……」と、ためらううちに脂肪細胞を増殖させてしまうケースは非常に多い。このように体の衰えを実感し運動から遠ざかった人にも、ＨＩＩＴはバツグンの効力を発揮する。

この章では、失われた筋力や体力を取り戻しつつ柔軟性まで養える、お得なプログラムを紹介する。トップアスリートがウォームアップなどに使う種目もあり効果は折り紙つきだが、選ぶ際はやりやすさに加え以下に留意した。

衰えた体を短期間で変えるには、特定の筋肉ばかり鍛えるような方法では効率が悪く、効果も上がりにくい。その部位がすぐに疲労しケガもしやすくなるため、継続が困難になりがちだからだ。それゆえ、なるべく多くの部位を動かせる種目をチョイスした。

多くの部位が動けば効率的に全身の血流をうながせるため、痛みや不調の緩和にも役立つ。たとえばデスクワーク中心の生活や運動不足が続くと筋肉は弱く硬くなって、柔軟性も血流も低下する。この肩こりや腰痛などにつながる要因を解消できるし、もちろん生活習慣病の予防にもつながるはずだ。

リザード&スパイダーウォークは、厳密に言うとハイインテンシティではない。だが特定の部位に負担をかけすぎ

サビついた体
無理なく刺

ないため弱った体の人でも行いやすく、非常に有効だ。しかもエクササイズをするだけで硬い体をほぐす効果もあり、おもな関節の可動域を広げてくれる。続くHIITベーシックでは、下半身、背中、腹と大きな筋肉がある部位のトレーニング効果をさらに高め、エネルギー消費量をアップさせる。週2回から始めれば、すぐに慣れて体力や筋力の向上を実感できるだろう。

短期間で力

まずはココから「たくさん覚えるのはイヤ!」というあなたに

リザード&スパイダーウォーク

リザードウォークはおもに体の前面と脊柱《せきちゅう》や股関節まわりを、スパイダーウォークは肩甲骨や肩関節まわりを中心に体の背面を刺激する。これだけで、固まりがちな関節をよく動かしつつ全身の筋肉を使える、非常に優れたプログラムだ。特に爬虫類《はちゅうるい》の動きをマネたリザードウォークは、体の屋台骨とも言える脊柱の側屈運動が特徴だが、これが特に重要。腰や肩の痛みに関係する背中や、脂肪のたまりやすい腹まわりにも刺激を与えられる。ストレッチ効果も非常に高いため、本書のほかのHIITと組み合わせるのにも適している。

体の硬い人はうまくできないかもしれないが、もちろん最初はできる範囲の動きでかまわない。続けるうちに必ず柔軟性は高まり、筋力も体力もついてくる。

1 リザードウォーク

柔軟性、スタミナ、筋力、そして体幹をコントロールする力がつく。下半身の大きな動きによってエネルギー消費量をアップ。脊柱周辺や股関節のストレッチ効果が非常に高い。

2 スパイダーウォーク

脊柱起立筋、ハムストリング、大殿筋などの筋肉を総動員して行うトレーニング。肩・肩甲骨まわりの可動域や動きを取り戻して首や肩の硬さをほぐし、こりをやわらげる。

柔軟性、スタミナ、筋力、そして体をコントロールする力と、あらゆる力を一気に鍛えられる万能エクササイズが、このリザードウォークだ。

股関節のストレッチ効果が非常に高く、進むごとにトカゲ（リザード）のごとく低い姿勢になるのが特徴。体の前面の筋肉で支えるため大胸筋、腹直筋、肩甲骨まわりの前鋸筋《ぜんきょきん》、下半身は大腿《だいたい》四頭筋《しとうきん》（特に大腿直筋）、腸腰筋に効く。そして一歩が大きいため下半身の大きな筋肉をしっかり刺激できる。だから血液循環や心拍数がアップし、エネルギー消費量を引き上げられるのだ。

背骨の大きな動きは運動不足や猫背、デスクワークなどで凝り固まった背面の筋肉をほぐすため、肩や背中のこり、腰痛の緩和にも役立つ。

前進し続けられるのが理想だが、難しければ数歩ずつ前進・後退を繰り返すかターンするかしよう。

ードウォーク

DVD VIDEO

stand by

四つんばいになる。両脚を後ろに伸ばし、ひざを床から上げて両足は指の腹を床につけて立てる

1 一方の足を同じ側の手の外側に踏み出し、逆側の手は大きく前に出して床につく。ついたら体を沈める

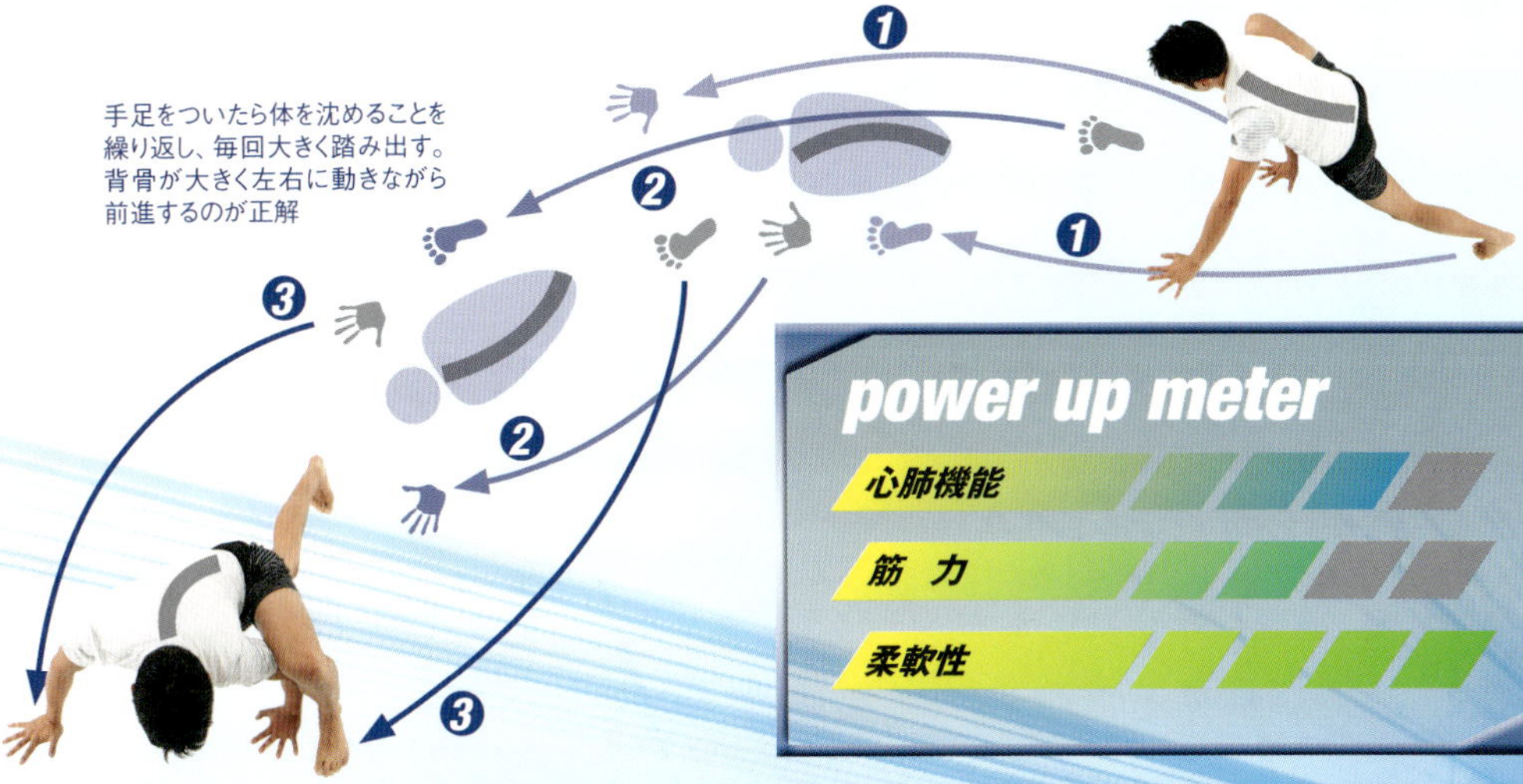

手足をついたら体を沈めることを繰り返し、毎回大きく踏み出す。背骨が大きく左右に動きながら前進するのが正解

power up meter
心肺機能
筋　力
柔軟性

リザ

20秒続け
10秒休み

2

続いてもう一方の足も同じ側の手の外側に踏み出しつつ逆側の手を前に出し、体を沈める。***1***、***2***をリズミカルに繰り返し前に進む

股関節の硬い人は体を沈ませる動作が難しい。お尻を高く上げたままなら、筋力や柔軟性が低下していてもできるはず

スパイダーウォーク

脊柱《せきちゅう》起立筋やハムストリング、お尻の大殿筋など、体の背面の筋肉を総動員して行うトレーニング。運動不足や体力の低下を自覚する人なら、この姿勢をキープするだけで、さまざまな筋肉への負荷を実感できるはずだ。

さらに「体の後ろで腕を使う」という日常生活ではなかなか行わない動作は、肩と肩甲骨まわりを刺激する。パソコン作業などで、長時間同じ姿勢でいることが多かったり運動不足だったりして、体の動きが制限されていると特に固まりやすいのも、この部位。続けることで、肩関節や肩甲骨が本来持

stand by

ひざを立てて床に座り、肩の下で両手のひらを床につく。ひざから胸が一直線になるように、お尻を上げる

1

つま先方向に前進。一方の手と、手と逆側の足を前に踏み出す

spider walk

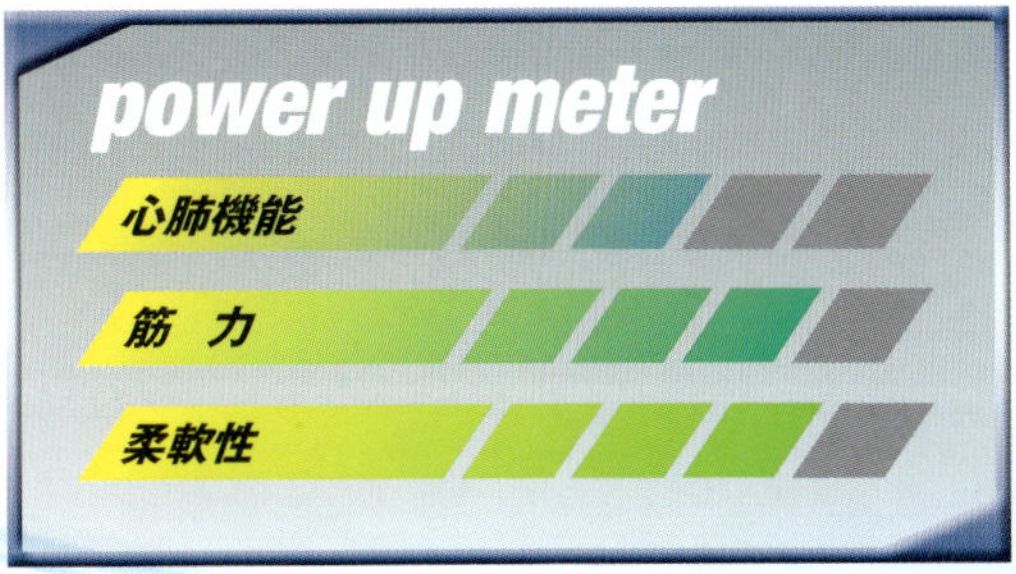

つ広い可動域や動きを取り戻し、首や肩のこりもやわらぐだろう。

　肩関節や肩甲骨まわりの柔軟性が上がればスムーズに前進できるようになる。最初は腰をやや落とした姿勢から始めてみよう。

胸からひざを、なるべく一直線に保ったまま前進する

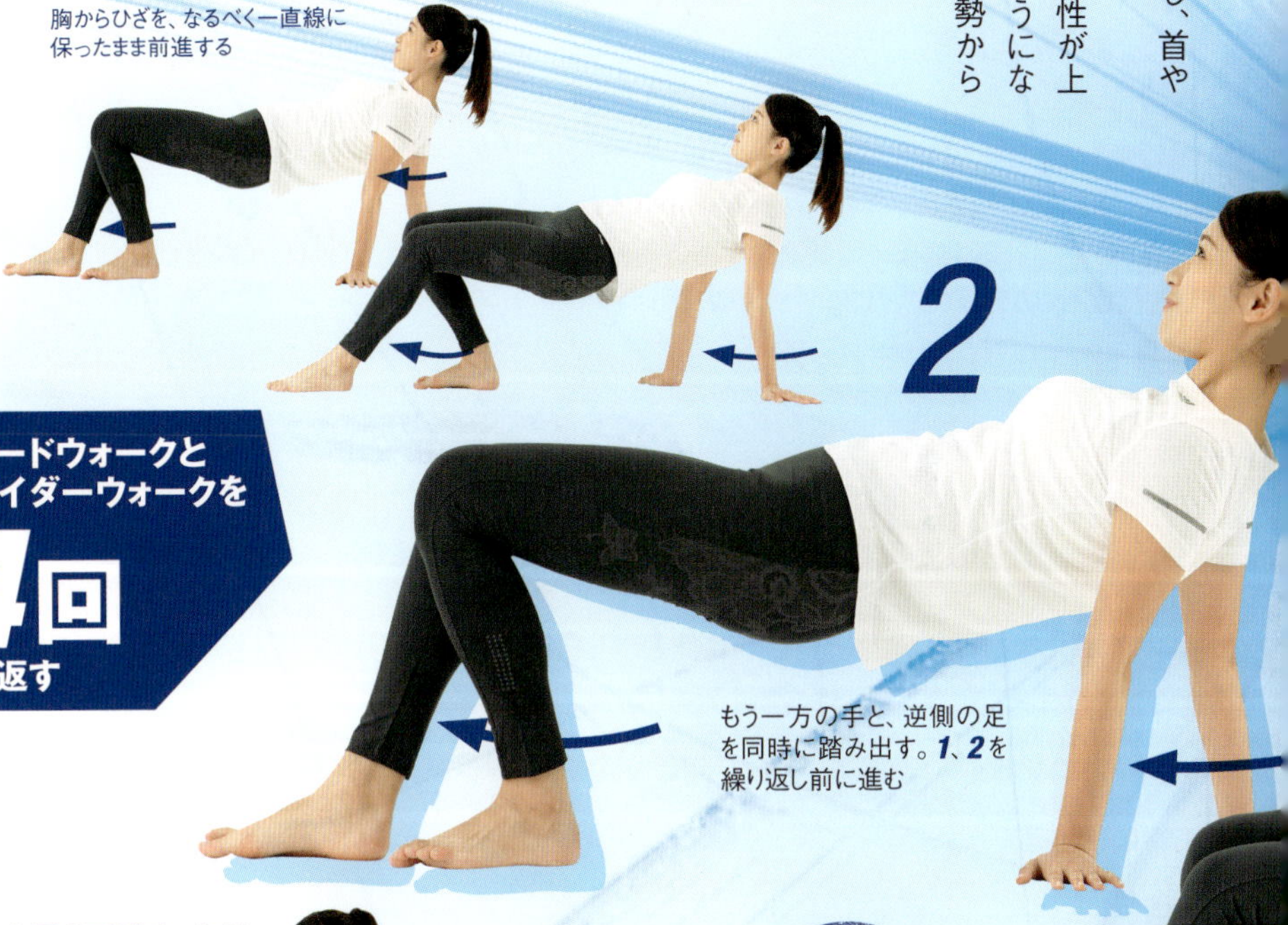

もう一方の手と、逆側の足を同時に踏み出す。**1**、**2**を繰り返し前に進む

リザードウォークとスパイダーウォークを

4回

繰り返す

20秒続け 10秒休み

お尻を下げていれば、あまり体幹の筋肉を使わないためラク

弱った体を劇的に変える

HIITベーシック

なじみのありそうな動きのエクササイズを厳選し、短時間で全身を強化。体力・筋力の低下した体をいきなり追い込むと、体を傷めたりつらくなったりして継続に支障をきたすため、下半身→体の表→体の裏→上半身と、一度使った筋肉は休ませる構成にした。体の硬い人は正しいフォームで行うことに苦労する場合もある。慣れるまでは小さめの動きでゆっくりでもいいので、確実に筋肉を刺激しよう。最初のリザード&スパイダーウォークをやってからこの4つをこなし、最後に再びリザード&スパイダーを行うのもおすすめだ。

20秒続け
10秒休み

1 スライド スクワット

腰を落としたまま左右にスライドするスクワット。脚から力の抜ける瞬間がほぼなく、下半身の筋肉をさまざまな角度から刺激する。

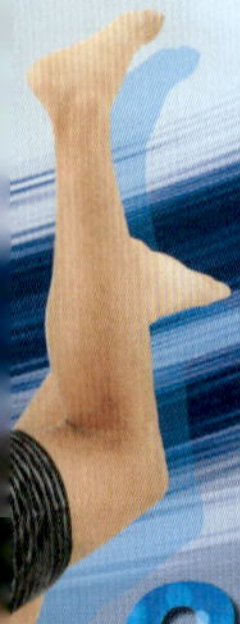

2 プッシュアップ バックキック

胸をメインに腕にも効く、通常の腕立て伏せをアレンジした種目。大胸筋を鍛えながら、背面の肩甲骨まわりをほぐす効果もある。動作中はずっと、体幹にも効く。

repeat 1~4

20秒続け 10秒休み

4 シットアップリーチ

体力・筋力の低下を感じる人でも上半身を起こしやすい腹筋運動。1種目で腹部の前面にある腹直筋とくびれラインに関わる内・外腹斜筋を同時に鍛えられる。

1種目で広範囲の筋肉にアプローチ。短時間で全身強化

20秒続け 10秒休み

3 スーパーマンフライ

ふだんは意識しにくい体の背面にアプローチ。特に背骨に沿って腰から首まで走る脊柱起立筋と、僧帽筋を刺激。ともに大きな筋肉のため、代謝アップも期待したい。

20秒続け 10秒休み

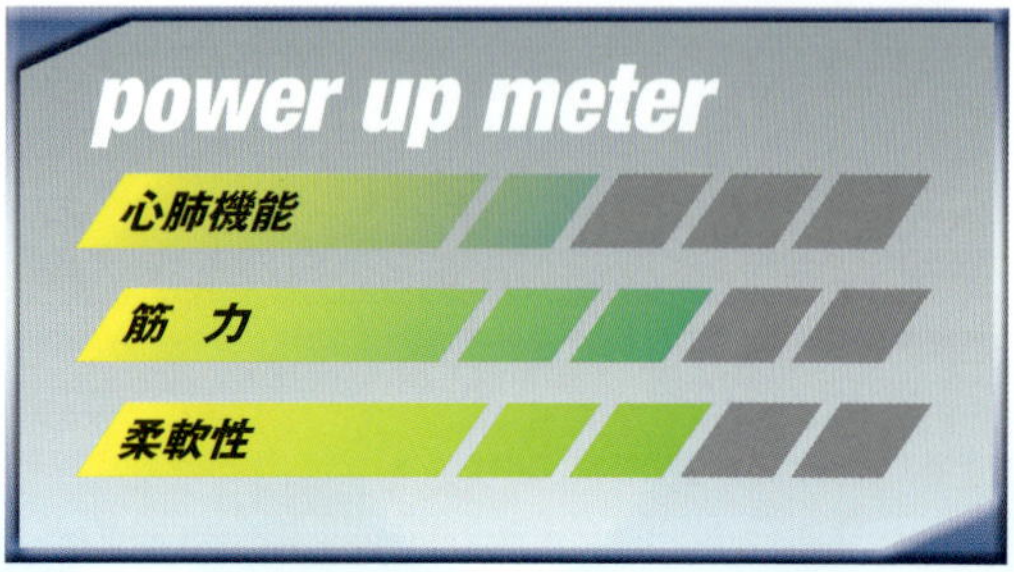

腰の高さをキープしたまま、真横に動く。
逆側の脚が伸びきるくらいまで、しっかり
腰を落としたまま行う

1

stand by

脚を左右に大きく開き、太ももと
床が平行になるまで腰を落とす。
手は胸の前で交差させる

スライドスクワット

一般的なスクワットは上下の動きが基本だが、腰を上げたときに力が抜けやすい。このトレーニングは腰を落としたまま左右にスライドするため、力の抜ける瞬間がほぼないのが魅力。少

筋肉痛がイヤな人はコレ！

股関節まわりのストレッチ
▶▶P121

太もも前側のストレッチ
▶▶P120

上体が、前後に倒れたり腰が引けたりすると、下半身に適切な負荷がかからない。背すじを伸ばしたままイスに座るようなイメージで腰を落とすと、うまくいく

2

続けて逆側へ。動作の最中、腰は床と平行に移動させるようイメージし、つねに高さを一定に保つ。***1***、***2*** を繰り返す

20 秒続け
10 秒休み

しキツいが時間当たりの運動効率は非常に高い。

腰を落としたまま動くことで大殿筋、内転筋、大腿《だいたい》四《し》頭筋《とうきん》、ハムストリングと重量感のある下半身の筋肉をさまざまな角度から刺激できる。弱った体を傷めることなく鍛え上げられるトレーニングだ。

股関節の硬い人は、はじめは腰を充分に落とせないかもしれないが、この動き自体にストレッチ効果がある。できる範囲で続けよう。

始める前に、スタートポジションよりもやや深めに腰を落として約15~20秒キープ。これだけで準備運動になるので、ぜひ試してほしい。

ひざを軽く曲げるだけなら、
下半身にかかる負荷が減る

2 プッシュアップバックキック

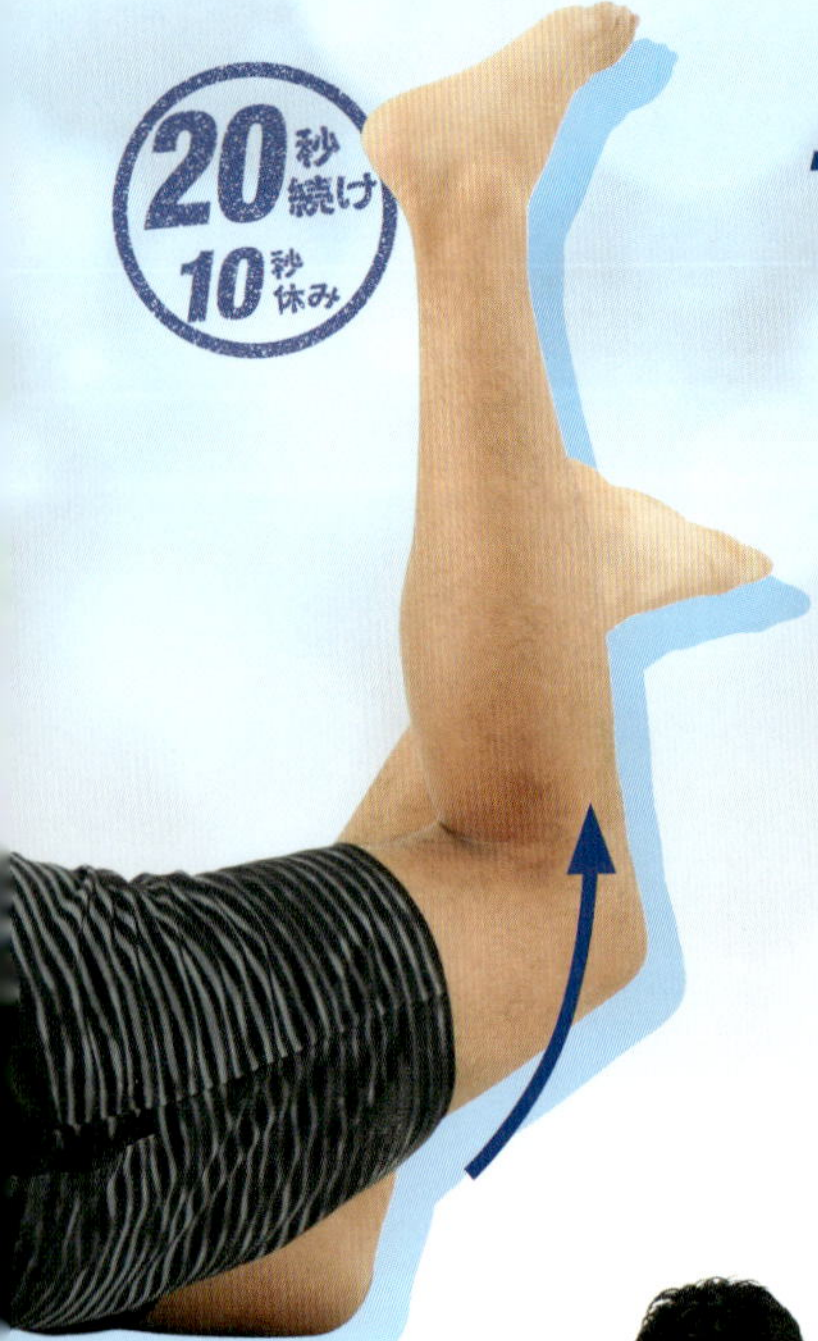

20秒続け
10秒休み

stand by

正座したら両足の指の腹を床につけて立て、かかとにお尻を乗せる

1

上体を前に倒し、肩の下で両手を床につく。太ももから胸までを一直線に保ち、ひざは曲げる

hard

ひざをつかずに、左右の脚を交互に上げて腕立て伏せをする

大胸筋を鍛える代表的なトレーニングと言えば、あお向けになり重いバーベルを両腕で持ち上げるベンチプレスだ。ただ、大胸筋にはかなりの負荷をかけられる一方で、体幹部や肩甲骨まわりの筋肉は少し休んだ状態になる。

その点、腕立て伏せの姿勢で行うこのトレーニングは、ベンチプレスより多角的な効果が望める点で優れている。

まず、正しい姿勢を維持するだけで、大胸筋のほか、小胸筋、僧帽筋《そうぼうきん》、前鋸筋《ぜんきょきん》といった肩甲骨の周囲、そして体幹の筋肉にも負荷がかかるため、さまざまな部位を鍛えられる。加えて脚を上げることで、お尻にも効いてくる。

最初は誰でも腰が下がりやすい。正しい姿勢でできるまで多少時間はかかるかもしれないが、腹筋や背筋も強化するイメージで続けるといい。

腰が反る、あるいは腰が引けた姿勢ではトレーニング効果が低い

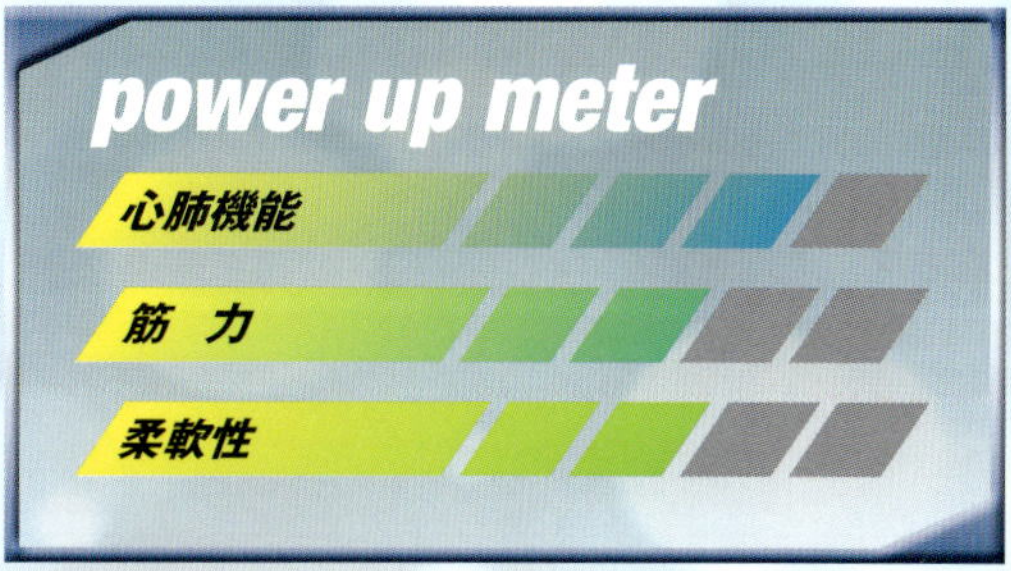

筋肉痛がイヤな人はコレ！

胸まわりのストレッチ
▶▶P125

2 息を吐きながら、床すれすれまで上半身を沈める。同時に一方の脚を、ひざを曲げたまま上げる。***1***に戻り、逆の脚でも同様に。両脚を交互に上げながらリズミカルに繰り返す

1 うつぶせになり、腕は頭上に伸ばしたまま床すれすれの高さに。脚は揃えて後ろに伸ばす

2 息を吐きながら、ゆっくり上体を起こす。このとき腕の位置は、つねに耳と同じくらいの高さになるよう意識。***1***、***2***をゆっくり繰り返す

ーマンフライ

体を反らせる動作で、腰から首までを走る深部の筋肉を刺激する。メインターゲットは脊柱《せきちゅう》起立筋と僧帽筋《そうぼうきん》。ともに上半身を形成する大きな筋肉なので、代謝アップが期待できる。

体を反らせるときは、ゆっくり両腕、両脚を上げていこう。反動を使ったほうがラクそうだが、腰が反りすぎて腰《よう》椎《つい》を傷めるおそれがある。

両腕を耳の横まで確実に上げるのも、高い効果を得るためのポイントだ。そもそも可動域の狭いトレーニングなので、肩甲骨まわりの柔軟性が低いと効果もかなり低下する。できれば腕が左右に開かないようにしよう。

ここが硬い人が非常に多いので、肩甲骨まわりのストレッチ（P124参照）は行ってほしい。猫背などで胸が縮んでいる自覚のある人は、胸まわりのストレッチ（P125参照）も加えると、さらによく動けるようになる。

20秒続け
10秒休み

スーパ

easy

腕を体の横にすると、
腕の重みが負荷に
ならないぶんラクになる

power up meter

心肺機能

筋　力

柔軟性

筋肉痛がイヤな人はコレ！

背中のストレッチ ▶▶ P122

シットアップリーチ

腹部の前面にある腹直筋と、ウエストラインを絞る内・外腹斜筋を同時に刺激できる。両腕の重みとほんの少しの反動を利用するため、体力のない人でも上半身を起こしやすいタイプの腹筋運動だ。

　ただし両腕は、あくまで上半身を「誘導」するために使う。腕の反動を使って勢いよく起き上がると、腹部を効果的に刺激できない。起き上がるときは、お腹に力を込めて、背中を丸めるように徐々に上体を起こそう。

　あお向けに戻るときも、お腹の力を抜かないようにするのが最大の効果を

腕の力で
サポートするとラク
easy

1 あお向けになり、ひざを立てる。両腕を頭上に伸ばし、息を吐きながら上体を起こして一方にひねる

得るコツだ。起き上がれない場合は、何かに足を固定して行おう。

腰に痛みを感じる人は、トレーニング前に背中のほか、お腹、わき腹のストレッチ（P122〜123参照）も行うこと。それでも痛みがとれなければ、すぐに医師に相談しよう。

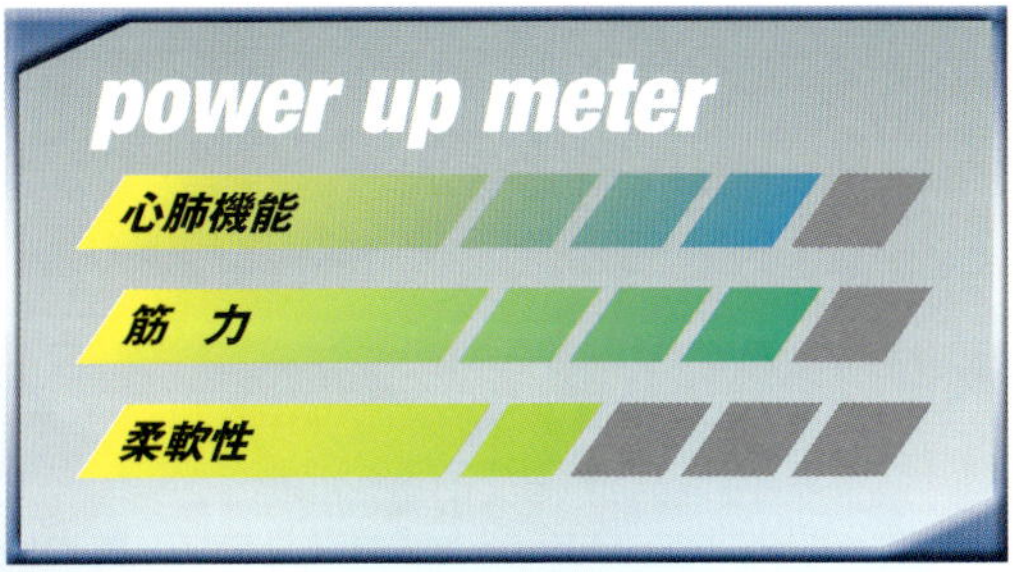

お腹の力を使い背すじを丸めるように上体を起こす。腰を反らせたままだと傷めやすい

2

再びあお向けの姿勢に戻る。息を吐きつつ上体を起こしながら腕を正面に下ろす

筋肉痛がイヤな人はコレ！

お腹のストレッチ ▶▶ P122

3

いったんあお向けの姿勢に戻り、今度は上体を起こしながら逆側にひねる。***1***〜***3***をリズミカルに繰り返す

column

I

TABATAプロトコルとは？

アスリート、そしてフィットネス界で世界的なムーブメントを巻き起こした日本発のHIIT、『TABATAプロトコル』。動画サイトでも"TABATA PROTOCOL"で検索すると、世界各国の動画がヒット。いずれもTABATAのセオリーをベースに、プロのトレーナーから愛好家たちまでが、工夫を凝らしたHIITを発信している。

TABATAは、非常に強度の高い20秒間の運動（High Intensity）を10秒の休憩（Intermittent）をはさんで8セット行うのが特徴で、心肺機能や無酸素性のパワーを上げ、体力が飛躍的に向上する。週に5日、6週間続けた実験では、こうした能力の向上を示す値として、有酸素性持久力は約13.2%、無酸素性持久力は約28%増加したという結果が得られた。この成長速度は最速の部類だ。

オリンピック選手やプロスポーツ選手が、さらに力をつけるために行うトレーニングなので当然だが、実際のところTABATAの真価を発揮するレベルのトレーニングは、プロのトレーナーやコーチの指導下で行わないと難しい。有酸素運動の上限である最大酸素摂取量※の170%というかなり高い負荷に設定するなど、アスリートでも一人では実践不可能なほどハードに追い込むことが必要だからだ。

また、TABATAはどんなスポーツをしている人でも急速に力を伸ばすことが可能、という点でも優れている。筆者がトレーナーとして参加する柔道日本代表の合宿でも、大きな大会の約1か月前から、週4回のペースでTABATAをメニューに組み込む。TABATAを行う前と後とでは、選手たちの体力の違いは一目瞭然で、本当に素晴らしいトレーニング法だと感動する。

※最大酸素摂取量
運動中に体内に摂取される酸素の、単位時間当たりの最大値。1分間・体重1kg当たりの数値で示される。持久力が必要とされるマラソン選手などは高い値となる。

脂肪が
増える理由
落ちるしくみ

CHAPTER 3

なぜ増やしたくないのに脂肪ばかりが増えるのか

できれば音もなく消えてほしい脂肪だが、じつはあらゆる部位に存在する。おなじみの胴体や四肢のほかに、頭にも、そして腸や肝臓といった内臓やその周辺にも蓄えられているのだ。この脂肪がどこにつくかは遺伝子に設計図があると思われ、指先のようにつきにくい部位もあれば内臓周辺のようにつきやすい部位もある。体を覆う脂肪が増えれば体重が増加し、動き

にくい・疲れやすいといった不自由さに縛られる。その先はメタボやロコモにつながり、容姿だけでなく健康さえも害するのだ。

ではなぜ、これほどやっかいなものが体につきやすいのか。

数百万年とも言われる人類の歴史は、つねに飢えとの闘いだった。日本が「飽食の時代」に突入したのはわずか40〜50年前。当然、我々の体は飢餓対応モードのままなので、使わないエネルギーは脂肪としてため込まれる。いつ危機に直面しても生き残れるように貯蔵庫の役割を担っているのだ。

現代社会ではやっかい者とされがちだが、ため込む性能は圧倒的に優秀。**脂肪とともにエネルギー源となる糖は、筋肉が大きい人ほど多く蓄えられるもののだいたい400g前後、すなわち1600kcal程度と限界がある。**だが**体内に15kgの脂肪を蓄えていれば、そのエネルギー量は、驚くなかれ14万1000kcal。**これはフルマラソンを47回走れる※エネルギーに相当し、ちょっとやそっとでは使いきれない。

しかし交通や通信網が発達し、体をほぼ動かさずとも生活できる現代社会では、脂肪細胞に貯蔵されたエネルギーどころか、その日食べたもののエネルギーさえ使いきれない。運動習慣がないのに消費する以上食べていたら、余ったエネルギーはせっせと脂肪細胞にストックされる。太り続けるのも当然なのだ。

脂肪は優秀なエネルギー貯蔵庫

※脂肪1g=9.4kcal、体重70kgで換算。

太りきれなくなった脂肪細胞はひそかに増殖する

ここで、改めて体に脂肪が蓄積していく過程を説明したい。

食べたものは消化器官で消化・分解される。そして栄養分は酸素とともに血液に乗って全身を駆け巡り、体の組織やホルモンの材料になったり筋肉を動かすためのエネルギーになったりする。

このエネルギーを、筋肉だけでなく脂肪もキャッチする。使われなかったエネルギーは脂肪細胞という貯蔵庫に中性脂肪としてストックされ、筋肉や臓器に一時保存された糖が不足すると分解されて使われる。しかし糖でこと足りるうちは、ひたすら貯蔵。それが、いつものベルトを短く感じさせる腹の肉になっていくのだ。

恐ろしいことに、脂肪細胞は限界までふくらむと〝増殖〟というステージに進む。脂肪を蓄える「容器」が増えるのだ。たとえば最初は9個だった脂肪細胞が、

脂肪は太るときは
加速度的に増え
やせるときも
的に落ちていく

限界までふくらんで数が増えたとする。「容器」が増えれば、当然もっとため込めるようになる。「太ってきたけれど、まだ大丈夫」などと思っていると脂肪細胞が増え続け、気づいたときは肥満街道まっしぐらだ。

やっかいだが太りやすさは加齢によっても加速する。原因の一つは、運動量の低下。一般的には、週に数回はあった体育の授業がなくなる高校卒業時に顕著に落ち、オフィスワークが増える社会人になるとさらに落ちる。第二の原因は20代から始まる筋肉量の低下。**筋肉の速筋細胞を支配する神経細胞は加齢とともに死滅し、特に下半身の筋肉量はガクンと落ちる。**走ったときに「体が追いつかない」という現象に心当たりのある人も多いだろう。あれだ。そして筋量が落ちれば疲れやすくなり、ますます運動量が低下してしまう。

20代から体重が10％以上増えている場合、脂肪の増殖により深刻な問題を抱えているリスクが高い。放置すれば内臓が弱って節々が痛み始め、気づいたら歩くことすらままならない事態に陥るだろう。

脂肪はこうして増殖する！

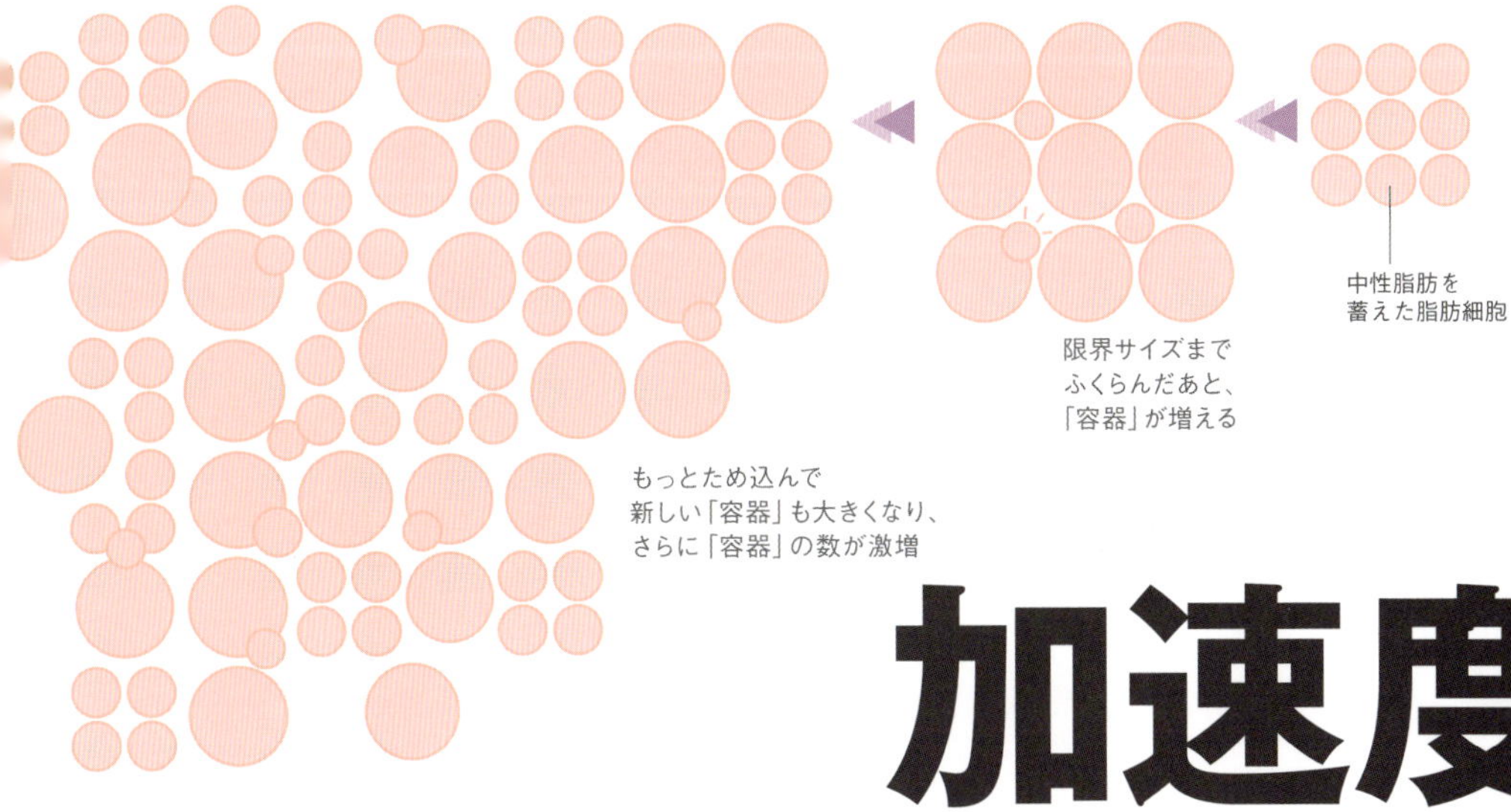
中性脂肪を
蓄えた脂肪細胞
限界サイズまで
ふくらんだあと、
「容器」が増える
もっとため込んで
新しい「容器」も大きくなり、
さらに「容器」の数が激増

加速度

脂肪燃焼を加速させ太らない生活へシフト

太り始めるときは容赦ないが、じつはやせ始めるときも加速度的だ。

体脂肪が落ちて筋肉が増えると、日々のエネルギー消費量は確実に上がる。数値にすると大きな変化ではないが、それ以上の効果が期待できる。

筋肉量が増えると、そこに栄養を供給する役割を担う内臓も同時に強くなっていく。その過程で、より多くの血液を必要とするため、血管も発達。こうして全身が強くなるのだ。結果、代謝が上がりエネルギー消費量が増えて体脂肪をエネルギー源にする力が高まる。しかもHIITのような高強度の運動は、エネルギー消費をうながすミトコンドリアを増やし活性化する刺激になるため、脂肪燃焼を一気に加速させる。そのうえ加齢や活動量の低下による神経細胞の死滅で加速する、速筋の退化にも歯止めがかかるのだ。

脂肪は腹にどんどん蓄えられる

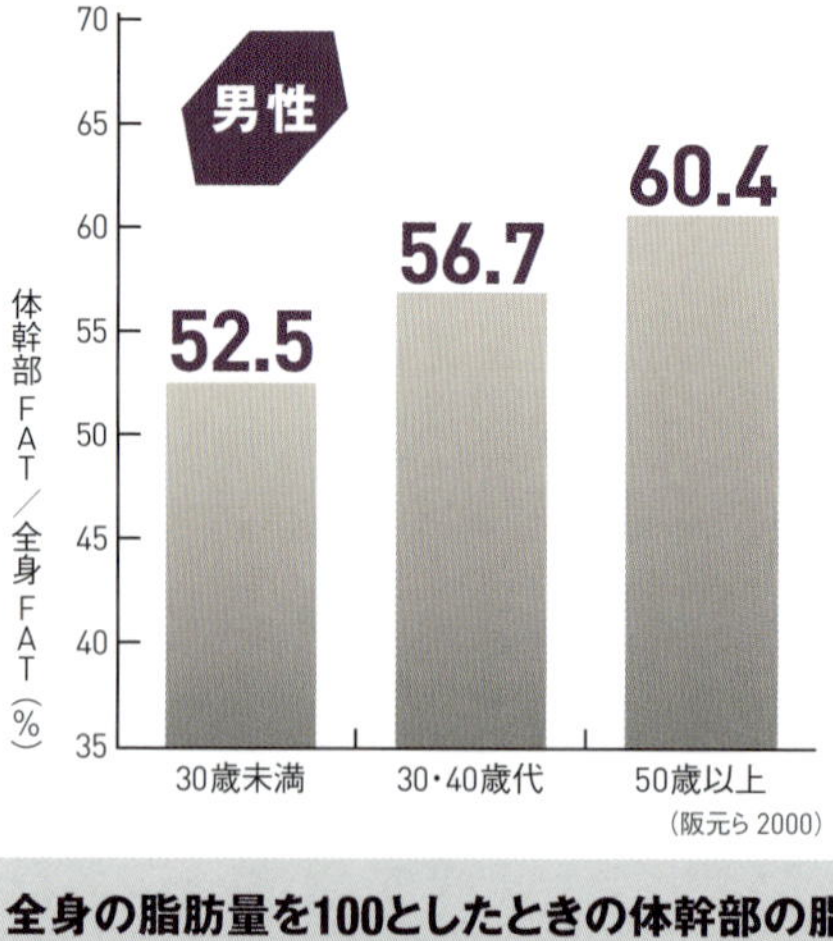

（阪元ら 2000）

全身の脂肪量を100としたときの体幹部の脂肪の割合。体幹部は30代から増量し、50代ともなると約6割が腹や背中の脂肪になる。

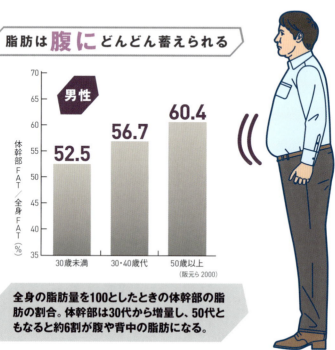

また、脂肪が落ちて筋肉がつくと、体は軽くなって動きやすくなる。日常生活での動作がラクになり、歩行スピードが上がって階段も難なく駆け上れるなど、自然と活動量も増す。

さらに味や体調の変化にも敏感になる。塩気が多いものを食べたときに起きるわずかなむくみを感じ取れるようになり、食べすぎれば胃腸への負担がわかるように。意識せずとも「腹八分目」の食事にシフトし、生活が太らない方向へと変わっていくだろう。

体脂肪がかなり削られてくると、ハイレベルな脂肪燃焼モードが保たれる。血管が皮膚の表面に近づき、背中を鍛えれば背中が熱く感じるなど、体脂肪に保温されていないぶん筋肉が発熱してエネルギーを消費。ここまでくれば、多少食べても「太れない」はずだ。

始める前から諦めればそこで終わり。だが、うまく脂肪燃焼モードの波に乗れば、落ちる気がしないような硬い皮下脂肪がやわらかくなり消えていく。いつからでも、いくらでも、やれば体は絞れるのだ。

基礎代謝量は10代がピーク

年齢（歳）	男性		
	基礎代謝基準値（kcal/kg 体重/日）	参照体重（kg）	基礎代謝量（kcal/日）
1〜2	61.0	11.5	700
3〜5	54.8	16.5	900
6〜7	44.3	22.2	980
8〜9	40.8	28.0	1,140
10〜11	37.4	35.6	1,330
12〜14	31.0	49.0	1,520
15〜17	27.0	59.7	1,610
18〜29	24.0	63.2	1,520
30〜49	22.3	68.5	1,530
50〜69	21.5	65.3	1,400
70以上	21.5	60.0	1,290

厚生労働省　「日本人の食事摂取基準」（2015年版）基礎代謝基準値より

基礎代謝が高いほど、脂肪を消費してくれる。しかし基礎代謝は、年齢とともに転げ落ちるように減少する。

極端な食事制限をするダイエットは
最悪の選択。
食べていないのに太る体ができる

やせようと思い立って
極端な食事制限をすると……

極論だが、脂肪を落としたいなら、ほとんどエネルギーのない食事と脂肪燃焼効果のある有酸素運動の組み合わせが最強。サラダだけを食べてひたすら走り続ければ、間違いなく脂肪はゴッソリ削れる。

だが極端な食事制限は、残念ながら大きなリスクもともなう。筋肉が不要とみなされ淘《とう》汰《た》されるからだ。

食事から栄養を補給しないと、体は筋肉を分解して不足分のエネルギーを補う。その結果、一気に体重は落ちるが筋肉が削られているので活動量も減る。そして、つねに飢餓モードの体は輪をかけて省エネ体質に。一時的にはほっそりするが代謝は落ち、リバウンドしやすい体につくり替

体重も脂肪も落ちるが、
筋肉も落ちボソボソの体に

筋肉が減ったぶん
消費エネルギーも減り、
食べなくても太っていく

えられてしまう。

そこでガンガン有酸素運動をしても、運動時間に比例して脂肪は落ちるが筋肉も落ちる。**我慢に我慢を重ねて手に入れた体はパワーがなく、体温も低下。内臓は弱体化し、生きる力さえ落ちていく。しかも、このやり方だと皮がたるんで、せっかくやせたのに醜くなるおそれがある。**

健康的にやせるには、脂肪をそぎ落としつつも筋肉量は増やす、または維持する方法を選択すべきだ。食事も何かを「カット」するのではなく、タイミングや適量を見極めることで筋肉を保護しながら食べすぎを「制御」しよう。

根強い人気を誇る「炭水化物抜き」もしかり。カットでなく制御することで、摂取エネルギーを適度に抑えつつ財布にもやさしくなる。結果、長く続くというわけだ。

過激な食事制限に比べれば、脂肪の落ちるスピードはたしかにゆるやかになる。しかし筋肉量を維持するか増やすかしつつ脂肪を落とすことでしか、健康で均整のとれたスタイルのいい体は手に入らない。できるだけ短時間で体を変える、唯一かつ最善の近道を選択しよう。

膨張し巨大化した脂肪細胞だって小さくできる！

本書を手にした多くの読者が気になるのは、すでに膨張し増殖までした脂肪細胞の対処法ではないだろうか。

一般的には脂肪細胞の数は幼少期に増え、そこから増えることはあれ、減ることはないと言われている。その一方でやせゆくときは、数は少ないものの脂肪細胞も死滅する、というデータもある。このように数については各論あるが、太ってしまった脂肪細胞を小さくすることは必ずできる。

脂肪細胞を絞り小さくするタイミングは、運動時に訪れる。運動中、まず体は筋肉などに蓄えられた糖をおもなエネルギーとして使い、糖が消費されるといよいよ脂肪の出番。

脂肪細胞はグリセロールと脂肪酸というリキッド状のものをしっかりため込んでいるが、エネルギーが必要になると脂肪細胞からリキッドをプシュッと吐き出し、血液に乗せる。そし

て毛細血管を通じて筋肉に届け、エネルギーとして使われるのだ。

　リキッドを吐き出した脂肪細胞は、一時的にサイズが小さくなる。もちろんたくさん食べればまた太るが、再び運動によってリキッドを吐き出させればいい。暴飲暴食は避け、食べたら動くルーティンで小さい状態にリセットする。**これを繰り返すと、脂肪細胞は小さい本来のサイズになるよう誘導される。**

　一度目標を達成したら、あとは食べすぎたときに摂取エネルギーを抑えるなど、食事を調節すれば絞れた体もキープしやすい。

　よく脂肪細胞は2か月後に入れ替わると言われるが、このように日々の過ごし方や習慣だけでもどんどん変化していく。それこそ1回のトレーニング、1時間の過ごし方でも細胞の増減や膨張・縮小の具合は変わっていくし、そのかじ取りは自分でコントロールできるのだ。

HIITで中性脂肪を分解！

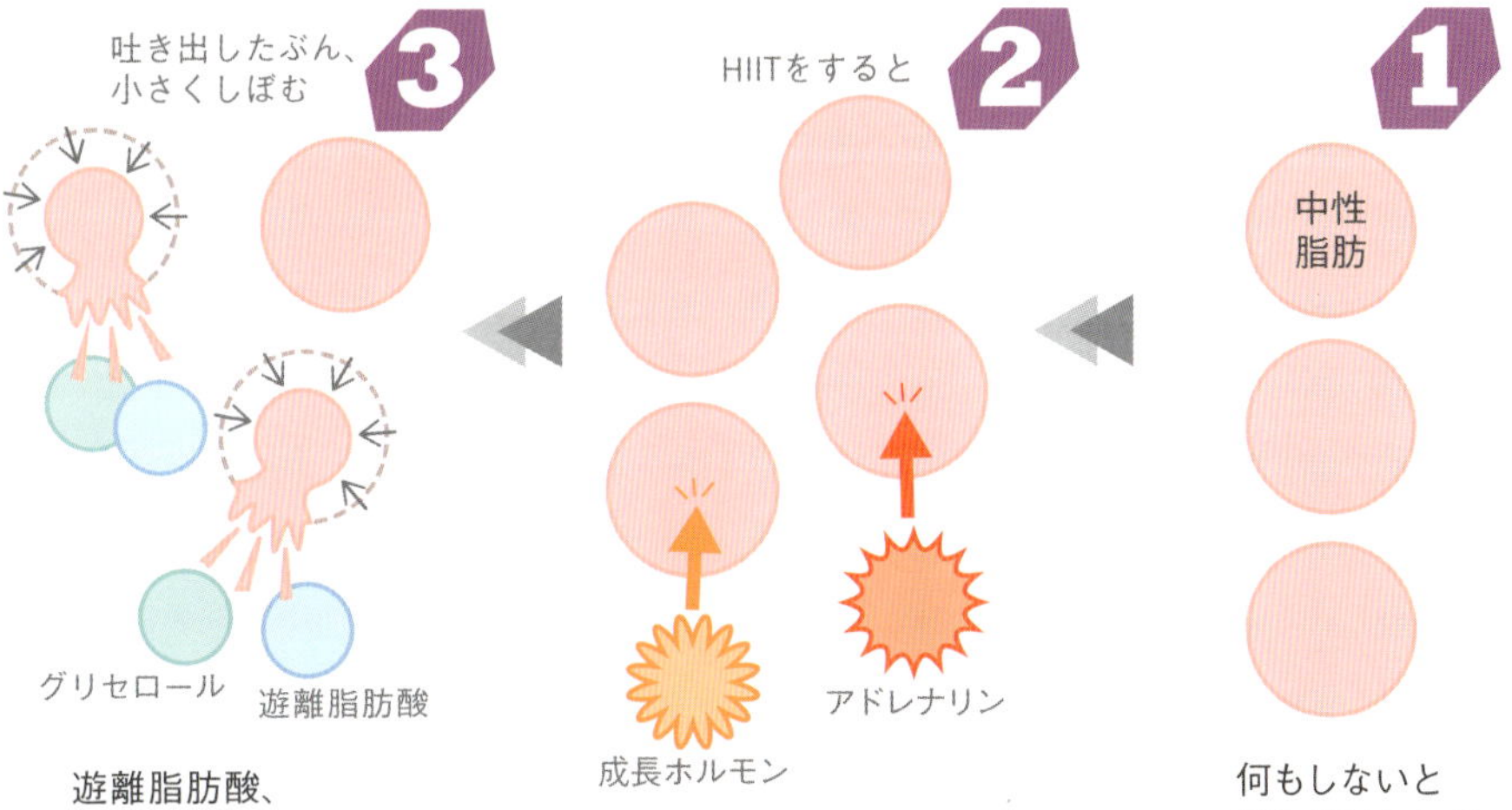

何もしないと
蓄え続けられる
脂肪も……

HIITでアドレナリンと
成長ホルモンが
きっかけで……

遊離脂肪酸、
グリセロールに分解。
それが血管に流れ酸素と
ともに全身に運搬。
筋肉にとり込まれ
運動によって消費される

脂肪をさらに効率よく落とすための 血液&ホルモンコントロールとは？

　さらに効率よく脂肪を落としたいなら、運動の習慣づけとともに血液とホルモンのコントロールも心がけよう。

　脂肪細胞はつねに余剰エネルギーを欲し、脂肪に変えて蓄えようと待ちかまえている。当然「運動したから大丈夫」と無計画に食べれば、全エネルギーをキャッチして再び脂肪細胞は太るのだ。

　脂肪細胞に蓄えられた脂質を効率よく使うには、**①血糖値** **②血流をうながす** **③脂肪を分解する** の、3項目がキモになる。せっかく運動をするなら効果がムダにならないようにＨＩＩＴに臨みたい。

1

血糖値

炭水化物を多く食べたら1時間以内にHIIT

炭水化物を多く含むものを食べたら、すぐ消費するのが脂肪をためないコツ。適量の朝食は午前中の移動、仕事や勉強で消費できるので、実行するなら昼食や夕食後。HIITの約1時間前までに食べ終えることで、血液中に乗ったエネルギーをHIITで使い、脂肪への道を塞いでしまおう。

2

血流をうながす

運動によって毛細血管を拡張する

脂肪をためたくないなら、食事で摂ったエネルギーをできるだけ多く筋肉に届け、消費する必要がある。そのためには発達した毛細血管づくりと血流改善が絶対条件。運動によって毛細血管は拡張して血液循環もよくなる。その結果、バンバン脂肪も燃えるのだ。

3

脂肪を分解する

脂肪分解に役立つホルモンを分泌させる

脂肪を燃やすと言えば有酸素運動だが、無酸素運動を行うと脂肪分解を促進する成長ホルモンやアドレナリンの分泌がうながされる。そのため有酸素運動の前に筋トレを行うとより高い脂肪燃焼効果が期待できる。時間がないときはHIITなどの短い無酸素性の運動だけでも、その後EPEE（運動後過剰エネルギー消費）による大きな脂肪燃焼効果が期待できる。

果たして「腹だけ即やせ」は可能なのか？

誰もが望む「部分やせ」。残念ながら局所的に鍛える方法だけで、これを実現するのは難しい。というのも運動習慣のないほとんどの人の体は、自分が想像する以上にぶ厚い脂肪に全身が覆われているからだ。その状態で、たとえば腹筋運動だけを続けても、表面を覆う脂肪に阻まれて、なかなか腹筋のラインまでは出ない。

しかし「全身の脂肪コーティングを削りながら局所的に鍛える」というダブルのアプローチなら、部分やせは可能だ。なかでも出ている腹を凹ませるのは容易だろう。お腹につく内臓脂肪は落ちやすい。理由としては、血管網が発達した体の奥にあるぶん消費されやすいことが考えられる。

下腹やわき腹についた皮下脂肪だって、HIITのようなトレーニングをしっかり継続すれば落とせる。まず分厚く冷えたカチカチの状態が緩和され、やわらかく薄くなる。トレーニングで血流が上がることで、ため込んでいた老廃物やよけいな水分が流れ、蓄えられた脂肪細胞が使われて小さくなるからだ。

部分やせミニ知識

二の腕や太もも、わき腹、尻についた脂肪は非常に落ちにくい。これらの部位に生まれたときからしっかり脂肪がついているのは、臓器がつまった体の中心部を守り保温することが遺伝子に組み込まれているからだろう。特にお尻やわき腹の脂肪は、極限まで減量をするアスリートやボディビルダーでも最後まで頑固に残る。男性はもちろん女性もわき腹の脂肪を気にする人が多いため残念な話ではあるが、逆に言えば減量中、わき腹に筋肉のラインがうっすらでも出れば体がしっかり絞れてきたと言える。どちらも、あまり動かさない部分だが、そこに脂肪がつきやすいのは経験則として感じられることでもある。たとえば猫背なら、前かがみでつぶされたお腹や、肩甲骨が固まった背中に脂肪がたまる印象がある。つぶされたり動かなくなったりした部位の血行は滞りやすくなるという推測もできるので、局所的に鍛えるだけでなくまんべんなく体を動かすことが大切と言えるだろう。

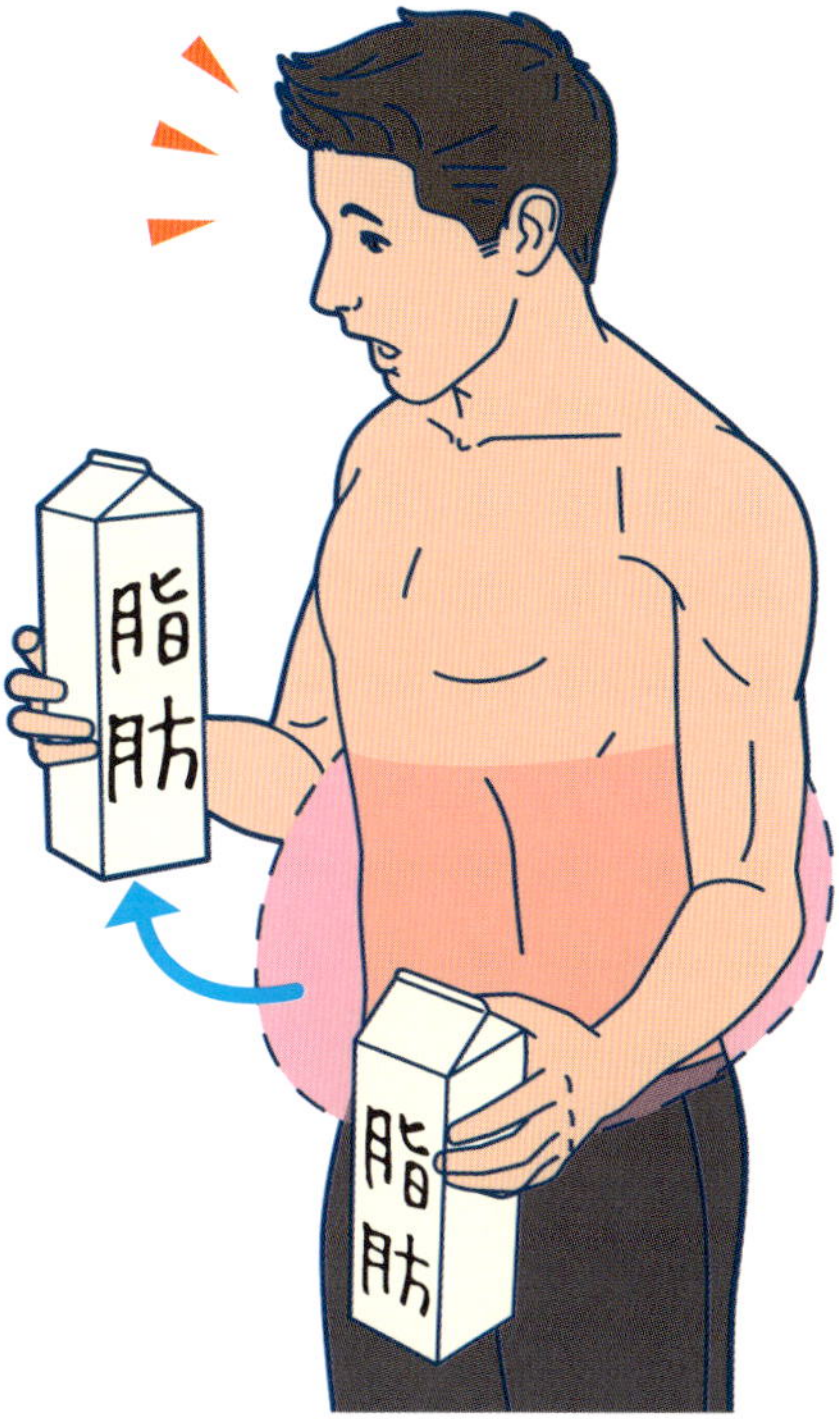

さすがに美容整形手術のように局所的に脂肪細胞を取り除くのは難しいが、ボディラインに「メリハリ」がつけば部分的にやせたように見える効果も得られる。狙った部位をトレーニングすれば、筋肉が太くなり立体感が生まれて、同時に皮下脂肪も削れる。たとえば**「脂肪が2キロ落ちる」と言われてもたいしたことはなさそうだが、じつはその体積は1ℓの牛乳パック2本分もある。あれが腹のあたりからなくなるとしたら、かなりのインパクト**。ボディラインはどんどん変化する。

「最近、腹だけ気になる」という程度なら、数キロ体重が落ちただけで「腹が凹んだ」と実感できるし、うまくいけば腹筋のラインもうっすら見えるだろう。

残念ながら、どの部位の脂肪から落ちていくかは人によって異なるし、思いどおりにはなりにくい。しかし「体脂肪を落としながら筋肉を鍛える」という方法なら必ずカッコいい体が手に入る。まずは脂肪燃焼と筋トレの効果を併せ持つＨＩＩＴで、ボディ改造の第一歩を踏み出してほしい。

column

II

脂肪はつきやすい人とつきにくい人がいる

人の顔がそれぞれ異なるのと同じで、生まれつきの体質も異なる。人は大きく分類すると、やせ型の外胚葉型《がいはいよう》、筋肉質の中胚葉型、ぽっちゃり体型の内胚葉型と3つのカテゴリーに分けられる。内胚葉型は消化器系が発達しやすいため、たくさん消化でき、脂肪も蓄えやすい傾向にあることがわかっている。

体形のコントロールは生活環境や食生活、加齢など後天的な影響も大きいが、自分が太りやすいか太りにくいかという体質を理解しておくと体づくりに役立つだろう。

どのタイプかを判断する目安は以下のとおり。

Type A 食べても太りにくく、筋トレをするとすぐに筋肉がつく。ガッチリ体型だと言われる……**中胚葉型**

Type B 食べても太らないが、筋トレを行ってもなかなか筋肉がつかない。やせ型だと言われる……**外胚葉型**

Type C 思春期以降、腹筋のラインが現れたことが一度もない。食べるとすぐに太る……**内胚葉型**

筋肉を削らず、脂肪を落とす体づくりをするうえで、食事制限が必要なのは内胚葉型。つねに食事の内容やタイミング、できれば量のコントロールも心がけよう。外胚葉型の人は逆に炭水化物・タンパク質・脂質の量を現状よりも増やすべきで、特にトレーニング後にしっかり食べるといい。中胚葉型の人は運動習慣があれば、それほど神経質にならなくても大丈夫だろう。

近年は手軽にできる遺伝子検査が流行りで、この結果に左右されすぎる傾向がある。だが、たった一つの遺伝子によってすべてが決まることはない。肥満体型から見事に50kgの減量を成功させて、ボディビルの大会に出る人もいる。もちろん体質の影響はあるが、この世にやせられない人はいない。「太っているから」「太る遺伝子だから」と諦めないでほしい。

脂肪を
ごっそり落とす
HIIT

CHAPTER 4

脂肪をごっそり落とす

HIIT

ーを

ＨＩＩＴが体脂肪率ダウンに適している理由は、中〜高強度の動きをしているのにエネルギー消費量を稼げる点にある。高強度ばかりの筋トレは、特定の部位のみ限界まで追い込んでダメージを負うため充分な休憩時間が必要になる。だが本書のＨＩＩＴは次々と違う部位を使うため、一部の筋肉を1種目で疲労困憊《こんぱい》させることがなく、短時間で大きな消費エネルギーを稼げるのだ。

この章では、最短距離で理想の体に近づくための筋肉を鍛えつつ、脂肪をためない体づくりも狙っていく。効率的にエネルギー消費量を稼ぎながら脂肪を消費するために、ラン、ＨＩＩＴ４、ＨＩＩＴ８と、体幹部や脚の大きな筋群を使ったトレーニングでプログラムを構成。いずれも心拍数がスムーズに上がり汗もかけるので成果を実感でき、モチベーションも高まる。もちろん心肺機能も上がるので、より疲れにくく強い体を手にできるだろう。さらに誰もが気になる腹まわりにフォーカスしたプログラムも掲載した。

よく「減量を成功させるには、どれくらいの頻度や目標でトレーニングすべきか」と聞かれるが、月に体重の5％の減量を目標にするとリバウンドのリスクも少ないだろう。脂肪1kgの体積は1

どん削り

体改造せよ!

消費エネルギ
さらにアップ!

ℓの牛乳パック1本分に相当。1か月でマイナス3kgが目標なら、2か月で牛乳パック6本分の脂肪がゴソッと落ちる計算だ。ウエストサイズはもちろん、見た目も明らかに変わる。
もっとハイペースで脂肪燃焼させたいなら、毎日2～3セット行ってもいい。週5日を最終目標にスタートしよう。

脂肪をどん
肉

「たくさん覚えるのはイヤ！」というあなたに

体脂肪をがっつり燃やす

HIIT Run

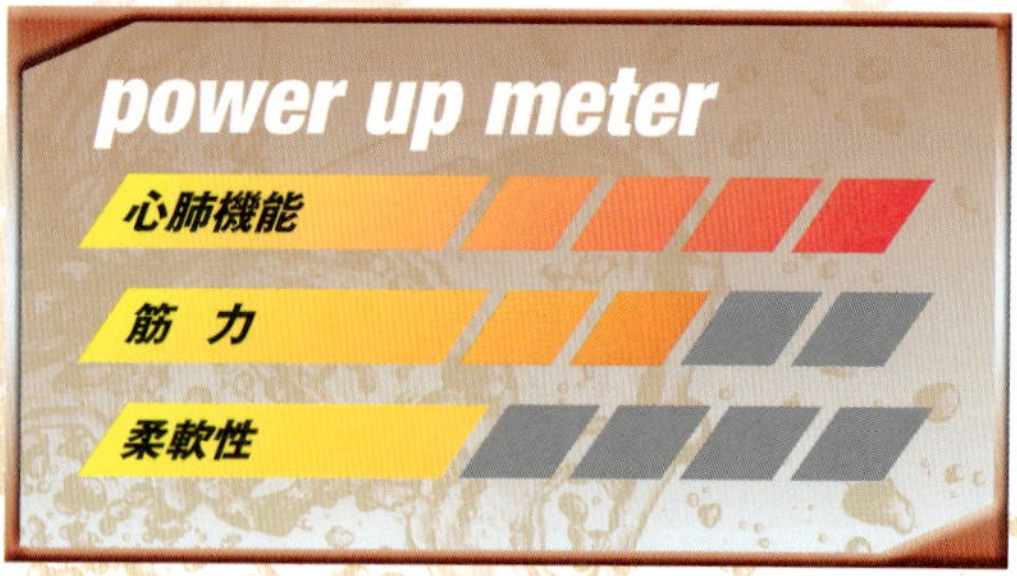

エクササイズには、効果を高めケガを防ぐためのルールやコツがあり、慣れるまではそれらを意識しないとできない。その点ランニングは、誰もがすぐに実践できる。無意識でもできる動作だから強度も心拍数も上げやすい。さらに動員される筋肉量の多さも魅力的。お尻や脚にある大きな筋群を使うから、エネルギー消費量を稼げる。

プログラムは全力疾走ではなく「50％のスピードで走る」と「70％のスピードで走る」を順に行う。50％は体脂肪を削ることにウエイトが置かれ、70％では下半身にかかる負荷が高くなる。陸上短距離選手の強靭な脚を見ればわかるとおり、負荷が上がると筋肉もつけられるのだ。

もし体力に自信がついたとしても、最初から飛ばすのではなく50％ランから始めてほしい。ランによって瞬間的に筋肉や腱《けん》に加わるインパクトは、一般的な筋トレよりはるかに強い。軽く走っただけで体重の3倍もの負荷がかかるのだから、大人2人を背負うくらいの衝撃があるということ。自重スクワットで腱が切れる人はいないが、子どもの運動会でアキレス腱やハムストリング、ふくらはぎの筋肉を切るお父さんがいるのは、そのためだ。必ずプログラム1▼2の順に行おう。

この後にジョギングやウォーキングを組み合わせれば、体脂肪除去効果はさらに高まる。

program 1

50% Run

5回
繰り返す

program 2

70% Run

5回
繰り返す

体脂肪を がっつり燃やす HIIT 4

この章のHIITでは、体幹や脚、お尻の筋肉をダイナミックに動かすことで心拍数を上げ、エネルギー消費量を一気に高める。HIIT4では1・2と3・4で、それぞれ刺激する筋肉が一部重なるように構成。同じ筋肉を連続して使うことで体を追い込んでいき、筋力、体力、そして脂肪燃焼の3ポイントを同時に、かつ効率よく底上げしよう。

1 サイドランジプロペラ

体重を移動するサイドランジで、骨盤まわり、背中、肩甲骨まわり、腕と広範囲の筋肉を刺激する全身トレーニング。まずは心拍数を上げて、体を燃焼モードにスイッチ。

エネルギー消費をガンガン稼げる動きで効率よく脂肪燃焼！

Vシット&オブリーク

腹直筋、内腹斜筋、腸腰筋といった体幹部に加え、大腿四頭筋（特に大腿直筋）も使って下半身を強化。複数の腹筋を連動させることでエネルギー消費量のアップを狙う。

スイングプッシュアップ

「すりあげ」とも呼ばれ、曲線の軌道を描きながら上半身を上げることで大胸筋を広範囲に鍛えていく。肩や腕といったボディメイクの要となる筋肉の強化にもつながる。

ダイアゴナルリフト

対角線上にある手足を動かすことで筋肉の出力をアップ。特に背面を広範囲に刺激し、「反る、曲げる、ひねる」という体幹の複合的な動きや柔軟性を引き出す。

サイドランジプロペラ

1

両腕をまっすぐ左右に伸ばして「大」の字になり、一方の手で逆側の足をタッチ。もう一方の腕は天井に向かって伸ばし、視線はその指先に

stand by

足を肩幅より広く開いて立つ。足先とひざは正面に向ける

骨盤まわり（大腿四頭筋《だいたいしとうきん》、大殿筋、中殿筋）、背中（脊柱《せきちゅう》起立筋）、肩甲骨まわり（僧帽筋《そうぼうきん》）、腕（三角筋）と広範囲の筋肉を刺激する全身トレーニング。息もかなり上がり、脂肪燃焼モードへの移行を加速させる。

体重移動しながら体をねじるのだが、胸と腕を正確に動かすのが難しい。反動にまかせるだけでなく毎回ギュッと力を込め、腕をそれぞれ天井と床に向かって振りきるのがコツ。運動習慣のない人ほど体幹が硬いため、やりにくいだろう。その場合は、わき腹のストレッチでよくほぐしておこう。

そのほか猫背の予防、脚の引き締め、ヒップアップのほか、野球の投球、ゴルフのスイング、バレーボールのスパイク、と胸を開く動作を行いやすくする効果も望める。これらのスポーツのウォーミングアップにもおすすめだ。

筋肉痛がイヤな人はコレ！

股関節まわりのストレッチ ▶▶P121

わき腹のストレッチ ▶▶P123

power up meter

- 心肺機能
- 筋　力
- 柔軟性

一度「大」の字の姿勢に戻ってから、逆向きに回転。**1**で、天井に伸ばしたほうの手で逆側の足をタッチし、もう一方の腕は天井に向かって伸ばし指先に視線を向ける。このときもひざは正面を向けたまま。**1**、**2**をリズミカルに繰り返す

手と逆側の足にタッチするのが難しい場合、真下の床に触るだけでOK

腕が真上に上がらないと動作が小さくなり、トレーニング効果が低い。また、つま先より外側にひざが開くと傷める危険性がある

体脂肪をがっつり燃やすHIIT 4-2
diagonal lift

背中の筋肉が衰えて硬くなりがちな現代人に最適な「反る、曲げる、ひねる」という、背骨本来の複合的な動きや柔軟性を引き出してくれるトレーニングだ。ハムストリング、大殿筋、脊《せき》柱《ちゅう》起立筋、僧帽筋《そうぼうきん》の下部・中部、三角筋と、背面の筋肉をしっかり動かす意識が必要。

人間の体は「X」のラインでつながるという考えに基づき、右脚から左腕、左脚から右腕と対角線上にある脚と腕を同時に動かす。さらに対角線上にある背中の筋肉も意識すると力を込めやすく、出力もアップ。効率よく鍛えられる。

最低でも腕の位置を耳の横の高さまで上げるのが効果を出すポイント。普段あまり動かさず眠っていた背面の筋肉を目覚めさせれば、脂肪燃焼はもちろん、姿勢の改善や疲れにくい体づくりにも役立つ。

1 息を吐きながら、一方の腕と逆側の脚のつけ根を同時に上げる。腕と脚を斜め上から引っ張られるようにイメージすると、やりやすい

stand by うつぶせになり、腕は頭上に伸ばしたまま床すれすれの高さに。脚は揃えて後ろに伸ばす

ゴナルリフト

power up meter

- 心肺機能
- 筋　力
- 柔軟性

筋肉痛がイヤな人はコレ！

体幹＋
肩甲骨まわりの
ストレッチ
▶▶P124

背中のストレッチ
▶▶P122

2

腕と脚をいったん下ろし、もう一方の腕と脚も同様に上げる。
1、*2*を繰り返す

ダイア

swing push-up

front

できるだけ広く足を左右に開くと、やりやすい

stand by
四つんばいになり、ひざを伸ばして足を左右に開く

1
息を吐きながら腰を少し後ろに引いて、顔が床すれすれになるまで上体を沈める

プッシュアップ

「すりあげ」とも呼ばれるこの動きは、柔道やレスリングなどの格闘技のトレーニングでは定番種目だ。

通常のプッシュアップは上下運動のみだが、扇状に広がる大胸筋は上下運動だけでは刺激できる範囲が狭い。このトレーニングは曲線の軌道を描いて上半身を上げるため、広範囲を鍛えられる。

腕と胸の力が重要そうに見えるが、じつは体幹と股関節で正しい動きをコントロールしている。多くの筋肉に効果的な刺激を入れるにはていねいな動きが必要なので、集中してやろう。

大胸筋のほか、三角筋の前部、上腕三頭筋がメインターゲット。前鋸筋、小胸筋、僧帽筋といった肩甲骨まわりもよく動くようになる。腕立て伏せを習慣にしている人も、これを加えれば、より均整のとれた美しい胸板を手に入れられる。

上体を高い位置で動かすと、
筋力があまりなくてもラクにできる

20秒続け
10秒休み

2 スイング

顔の高さをできるだけ低く保ったまま前に伸びていき、これ以上前に伸びないという位置で上体を起こす。ここまでの動作を逆回しにして**1**に戻り、また**2**の動作をする。これをリズミカルに繰り返す

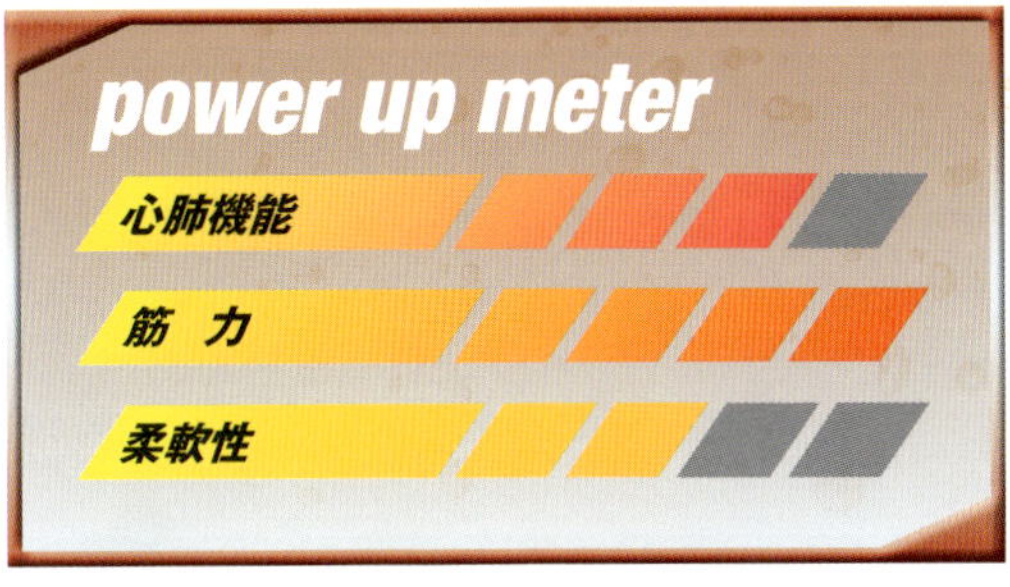

筋肉痛がイヤな人はコレ！

胸まわりのストレッチ ▶▶
P125

ダイアゴナルリフト（P80参照）と同様に、対角線上にある腕と脚を同時に動かすことで筋肉の出力をアップさせる。腹直筋、内腹斜筋、腸腰筋といった体幹部に加え、太ももの大腿四頭筋《だいたいしとうきん》（特に大腿直筋）も使っていく。

人間の体は全体で機能するもので、腹筋運動もお腹の筋肉だけ使っているわけではない。お腹の筋肉は骨盤を介して脚の大腿直筋につながっているため、Vシットは体の動きに合ったトレーニングと言える。

「腹筋運動をしていても、どうも下腹がスッキリしない」という人はぜひ習慣化してほしい。特に脚上げを頑張ると、より下腹部への刺激が強くなる。

もちろん複数の腹筋を連動させることで、大きなエネルギー消費量も期待できる。腹筋をきれいに割りたい人にも、うってつけだ。

&オブリーク

DVD VIDEO

1

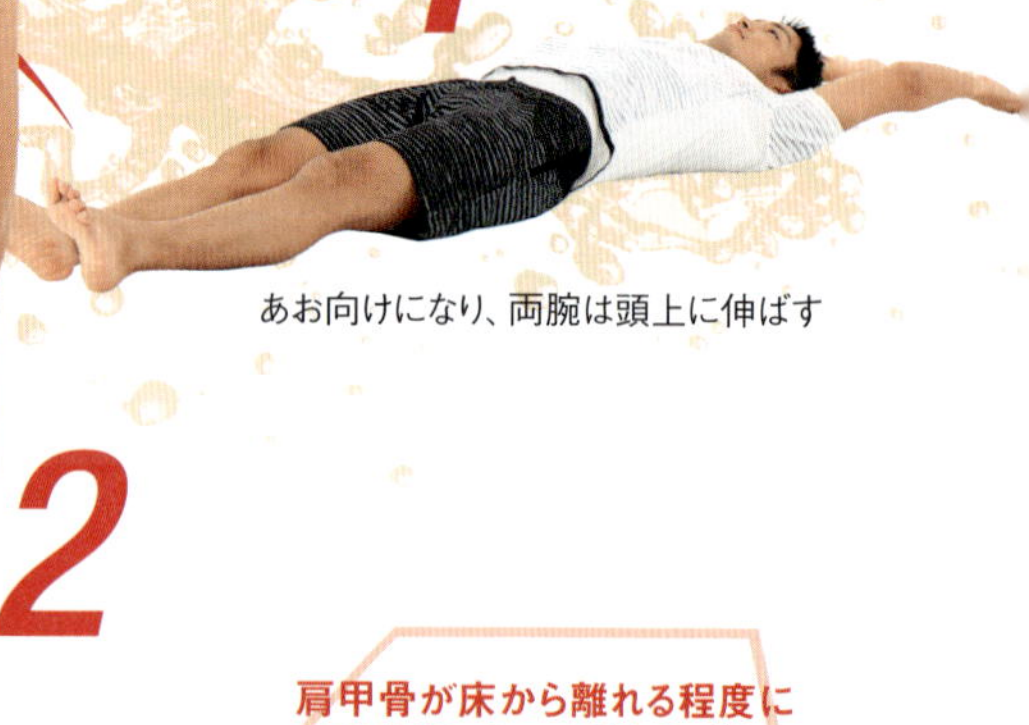

あお向けになり、両腕は頭上に伸ばす

2

両腕を頭上に伸ばしたまま、息を吐きながら上体を起こす。同時に一方の脚をつけ根から高く上げて、その脚と逆側の手でタッチ。**1**の姿勢に戻る

easy

肩甲骨が床から離れる程度に上体を起こし、ひざを曲げたまま引き寄せるとラク

Vシット

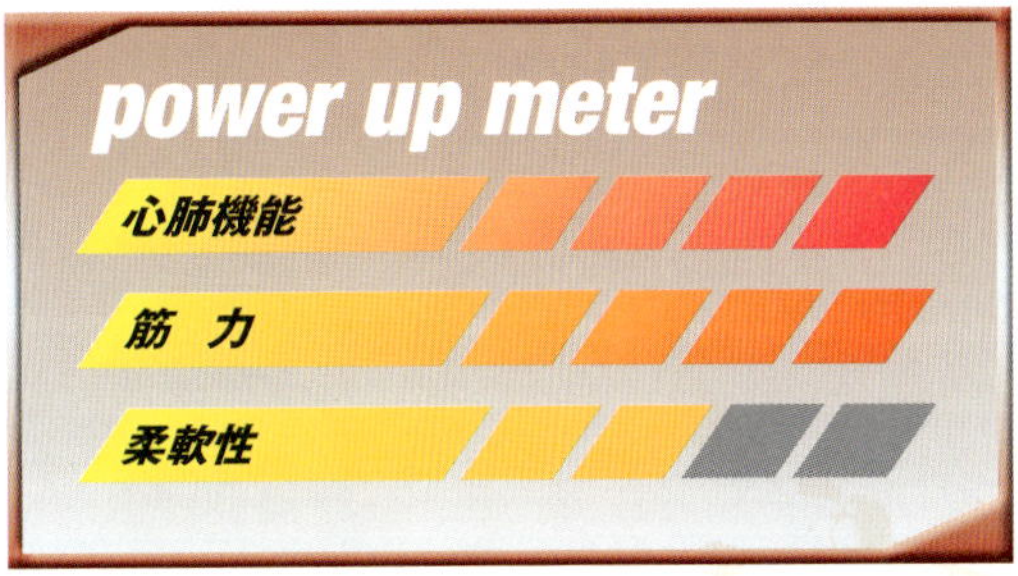

その名のとおり全身で「V」の字を描く姿勢で行う。あお向けに戻るときに腰が反っていると腰を打って傷めやすい。意識して腰を床につける、または腰の下にタオルを敷こう

筋肉痛がイヤな人はコレ！

お腹のストレッチ ▶▶P122

20秒続け
10秒休み

3 続けてもう一方の脚をつけ根から上げて、脚と逆側の手でタッチ。**1**の姿勢に戻る

4 今度は両腕・両脚を揃えたままつけ根から上げて、両手ですねにタッチ。**1**の姿勢に戻る。**2**～**4**をリズミカルに繰り返す

体脂肪をがっつり燃やす HIIT 8

HIIT8ではさらに大胆な動きで、脂肪燃焼をうながす。まずランジツイストで下半身、腹部を中心にアプローチ。次からはダイナミックな全身運動の連続で、心拍数がグングン上がる。5種目め以降は上半身と体幹メイン、ラスト2種目は再び下半身に負荷をかけて肉体的に追い込み、鍛え上げる。心肺機能は劇的に上がるだろう。スムーズに動けるようになるころには、自信もみなぎっているはずだ。

1 ランジツイスト

上半身のねじりでわき腹を刺激しつつ、下半身と体幹から燃焼スイッチをオン。体幹が硬いと動作が難しいため、やりにくい人はストレッチをしっかり行おう。

2 また抜き&ブリッジ

アクロバティックな動きで息が上がり、脂肪が燃えるのを実感。お尻や太もも裏側を鍛えるとともに、肩まわりの柔軟性と強さも身につく。

3 ランジチェストローテーション

大殿筋、大腿四頭筋をしっかり使いながら、胸部、体幹を回旋運動。上半身は大胸筋や前鋸筋、下半身は腸腰筋のストレッチ効果も高い。

スタンドアップ&ダウン

腹筋を使って起き上がるシットアップと、一方の脚とお尻の筋力で立ち上がるシングルレッグスクワットを合体。最後の種目なので力を振り絞ろう。それが体を変える鍵を握る。

8

20秒続け 10秒休み

マウンテンクライマー

両足を交互に大きく踏み出す動作は、腸腰筋を刺激しつつ股関節のストレッチ効果も大。お腹が上がらないよう、つねに姿勢をコントロールしよう。体幹部の強化も狙う。

7

20秒続け 10秒休み

ダイナミックな動作の連続で脂肪をごっそり削る

トゥタッチニーリフト

山なりの姿勢になり、両手で交互に足をタッチ&ひざを交互に胸に引き寄せる動きで、上半身は広背筋、下半身は腸腰筋にアプローチ。すばやい動作でしっかり汗をかこう。

6

20秒続け 10秒休み

5

20秒続け 10秒休み

インチウォーム

手を交互に動かして、上体を脚から離したり引き寄せたりを繰り返す。体幹や全身の筋肉バランスを強化すると同時に、背中やハムストリングの柔軟性を高めていく。

4

20秒続け 10秒休み

胸つけ背つけ

体をクルリと回転させ、体幹部、腕・肩、脚と全身の筋肉を一気に刺激。すばやく動くと心肺系へのストレスが激増し、息もかなり上がる。

ランジツイスト

stand by

気をつけの姿勢から、腕を前に伸ばして指を組む

1 一方の脚を、後ろ脚のひざが床すれすれになるまで大きく踏み出す

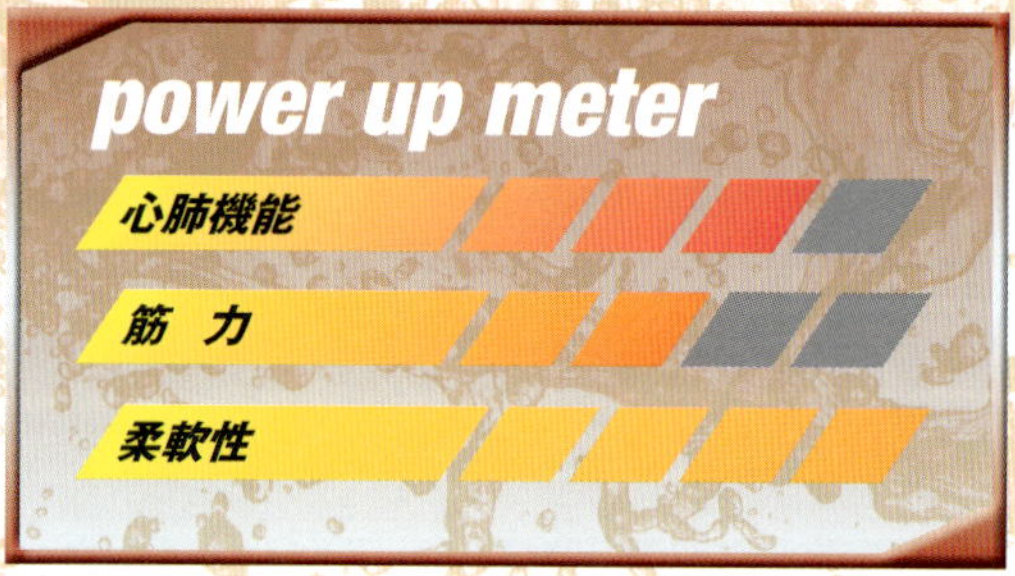

一歩踏み出す動作に、上半身をツイストさせる動作を加えたトレーニング。大腿四頭筋《だいたいしとうきん》、大殿筋、ハムストリングのほか、わき腹の内・外腹斜筋を刺激し、下半身と体幹に燃焼スイッチを入れる。

ぞうきんをギュッと絞るイメージで行う上半身のねじりは、脊柱《せきちゅう》起立筋の柔軟性も必要。体が硬い状態で反動をつけてねじると、筋肉や関節を傷めるおそれもある。事前にストレッチをしっかり行う、あるいは回旋の勢いを徐々に強めていくといった配慮が必要だ。

それと姿勢が不安定なまま行うと、

腰を落としたとき前脚のひざが左右に逃げたり前に出すぎたりすると、ひざを傷めやすい。上半身が前傾すると体幹のねじりが甘くなる

2

息を吐きながら上体を前脚側にねじる。視線は伸ばした腕の先に。踏み出した脚を引いて***stand by***の姿勢に戻り、逆側も同様に行う。これをリズミカルに繰り返す

前脚のひざを軽く曲げる程度にすると、下半身への負荷が軽くなり体幹もねじりやすい

腹筋を刺激できない。下半身を安定させて行うことが必須で、つま先とひざの方向を揃えるのがコツ。上半身をねじる動作をするゴルフ、野球、テニスなどのウォーミングアップにも有効だ。慣れたらスピーディーに行おう。

筋肉痛がイヤな人はコレ！

股関節まわりのストレッチ ▶▶P121

わき腹のストレッチ ▶▶P123

また抜き＆ブリッジ

肩まわりの三角筋、肩甲骨まわりの前鋸筋《ぜんきょきん》、僧帽筋《そうぼうきん》、小胸筋すべての柔軟性が要求される。肩の関節が強くなり、ぐらつきを制御する能力もつくため上半身が引き締まるトレーニングだ。もちろん片腕で上半身を支えるアクロバティックな完成形では、肩にストレスがかかる。トレーニング前の肩まわりのストレッチ（P123〜124参照）をおすすめしたい。

正しい姿勢でできるようになると、徐々に肩への負担を感じなくなる。むしろ疲労感が生じやすいのは、お尻（大殿筋）、太もも裏側（ハムストリング）、そして背中（脊柱《せきちゅう》起立筋）。お尻をグッと上げたときに使われる背面の筋肉が、いちばん疲労する。

魅力は、何といってもダイナミックな動作にある。すばやくできるようになれば息が上がるぶん、身にまとった脂肪が燃えるのを実感できるだろう。

stand by

四つんばいになる

1

両ひざを床から浮かせる

2

一方の足を、腰をひねりながら体の下をとおして逆側の床につける

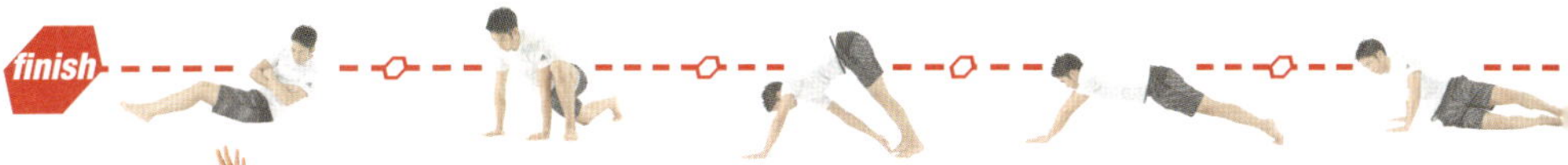

power up meter

- 心肺機能
- 筋　力
- 柔軟性

筋肉痛がイヤな人はコレ！

肩前側のストレッチ ▶▶P123

3

とおした足と逆側の手を天井方向に伸ばし、腰を突き上げて胸を張る。視線は伸ばした腕の先に。ここまでの動作を逆回しにして**1**に戻り、逆側も同様に行う。これをリズミカルに繰り返す

ランジチェストローテーション

大殿筋、大腿《だいたい》四頭筋《しとうきん》を使いながら、胸部、体幹の回旋運動を行うトレーニング。前傾し床に手をついて体をねじる動作で、胸椎《きょうつい》の回旋を誘導。同時に肩甲骨まわり（僧帽筋《そうぼうきん》中部・下部）や肩（三角筋）、背中（脊柱《せきちゅう》起立筋）もしっかり刺激する。

デスクワークばかりで、肩が前に出たり胸が縮んだりしている人も、両腕を大きく広げる動作が正しい姿勢へと導いてくれる。姿勢の悪い人はスムーズにできないので無理をせず、easyから挑戦してほしい。

DVD VIDEO

stand by

気をつけの姿勢をとる

1

一方の脚を、後ろ脚のひざが床すれすれになるまで大きく踏み出す

2

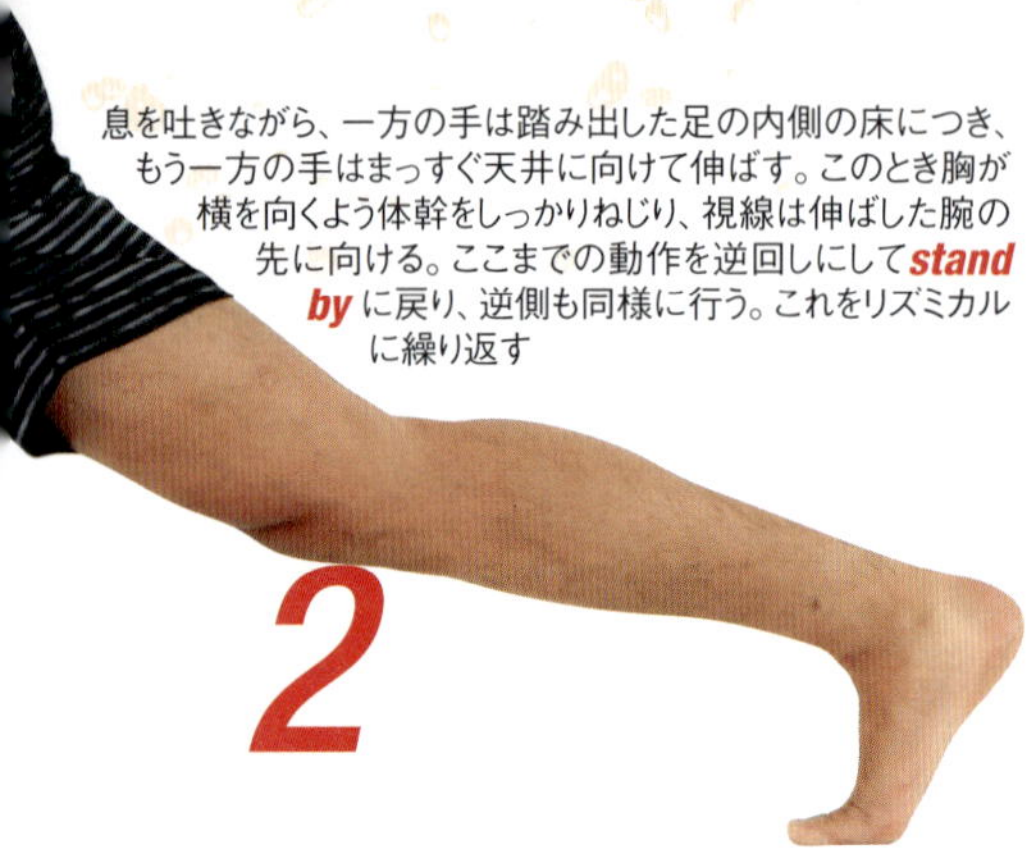

息を吐きながら、一方の手は踏み出した足の内側の床につき、もう一方の手はまっすぐ天井に向けて伸ばす。このとき胸が横を向くよう体幹をしっかりねじり、視線は伸ばした腕の先に向ける。ここまでの動作を逆回しにして***stand by***に戻り、逆側も同様に行う。これをリズミカルに繰り返す

finish

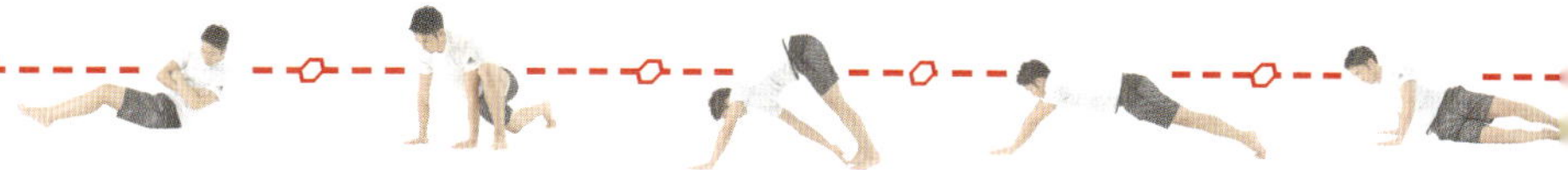

ランジツイスト（P88参照）よりも難易度が高そうだが、どちらかというとストレッチ要素が強い。上半身は背中側の筋肉を使うことで、体の前面、大胸筋や前鋸筋《ぜんきょきん》をストレッチ。

下半身は腸腰筋をしっかり伸ばせるため、凝りやすい部位を一気にほぐせる。爽快感も得られるだろう。

腕を高く上げなければ体幹の硬い人でもラクにできる

筋肉痛がイヤな人はコレ！

わき腹のストレッチ ▶▶P123

腕が天井方向に上がらないと体幹のねじりが甘くなり、つま先より前にひざが出ると傷めやすい

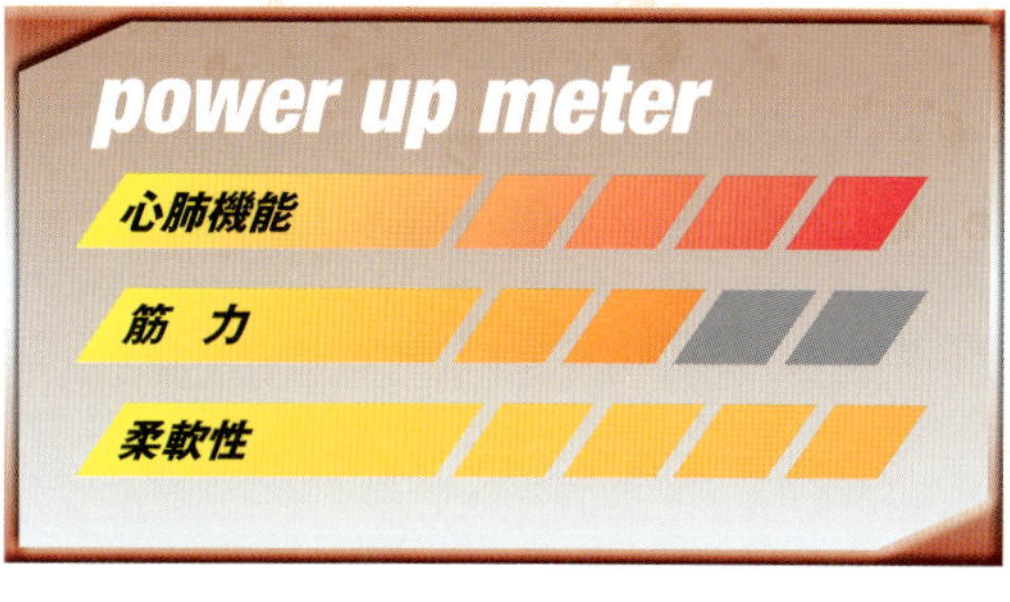

腕立て伏せの準備の姿勢になる

stand by

1 すばやく体を沈めて胸を軽く床につけたら、元の姿勢に戻る

背つけ

腕立て伏せの動きを利用し、全身の筋肉をすばやく動かすトレーニング。「胸つけ」では胸、腹部、腕と肩まわり、脚を使い、回転してからの「背つけ」では体幹部の筋肉で姿勢を保つ。3D感のあるユニークな動作と、さまざまな筋肉を一気に使える点が魅力だ。

本書のトレーニングは、すべて単一の筋肉だけにフォーカスしたものではないので筋肉の過度な疲労を抑え、そのぶん心肺系にストレスをかけるため息はかなり上がる。局所を鍛えるウエイトトレーニングとは対極にあると言えるだろう。

長いプログラムの半ばに配置したのは、筋肉が回復するための“休憩タイム”も兼ねているから。そのぶん次から再びパワーを発揮できるため、効率的に鍛えられるのだ。

easy 一つひとつの動作をゆっくり行うとラク。この動きに慣れよう

2 すぐに体を左右どちらかに反転。あお向けになって背中を床につけると同時に、両手のひらで床を叩く。再びすばやく体を反転させて**1**を行う。続いて逆側の回転でも行う。これらをすばやく繰り返す

20秒続け
10秒休み

胸つけ

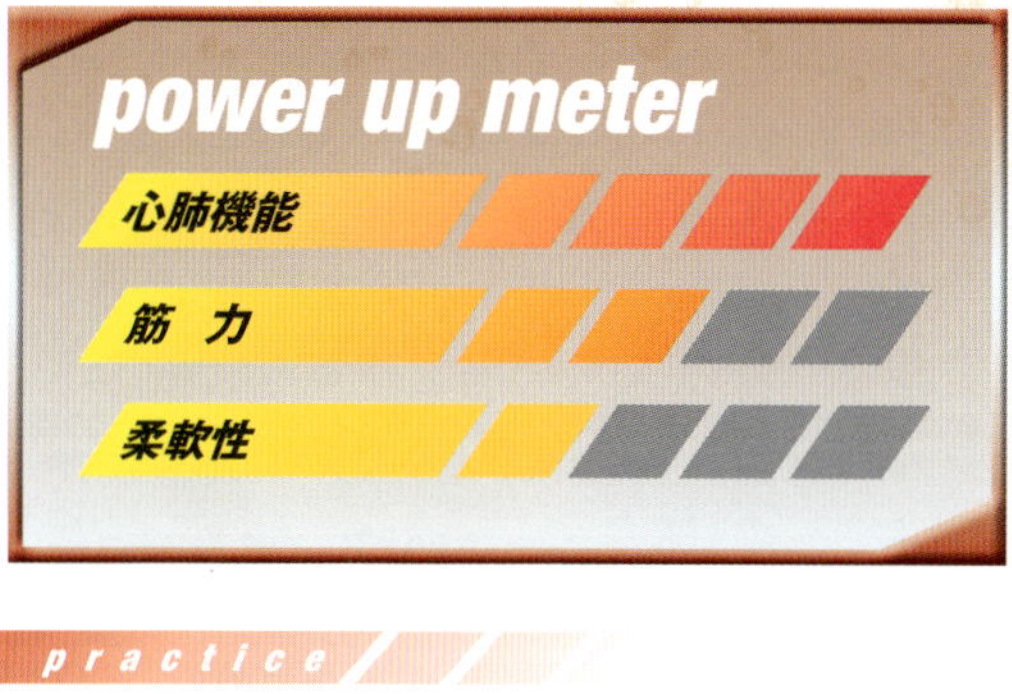

筋肉痛がイヤな人はコレ！

胸まわりのストレッチ ▶▶P125

インチウォーム

stand by

足を揃えて前屈

1 足は動かさず、ひざはできるだけ曲げずに手を少しずつ左右交互に前進させる

特に腹直筋、大腿《だいたい》四頭筋《しとうきん》、腸腰筋といった、体幹部、太もも、股関節の前面の筋肉がターゲットとなる。

両手を交互に体から離す動きでは、広背筋や大胸筋を刺激。このとき両手を体から遠くにつくほど、高い筋トレ効果も見込める。しかし姿勢を維持するのは難しくなり、わきを締める力やお腹の力が弱いと、腕が体を支えきれなくなったり、お腹が下がったりしやすい。

脚を引き寄せる際はお尻を高く上げるほど、ハムストリングがストレッチされて脚の裏側の柔軟性も高められる。トレーニングを重ねることで全身

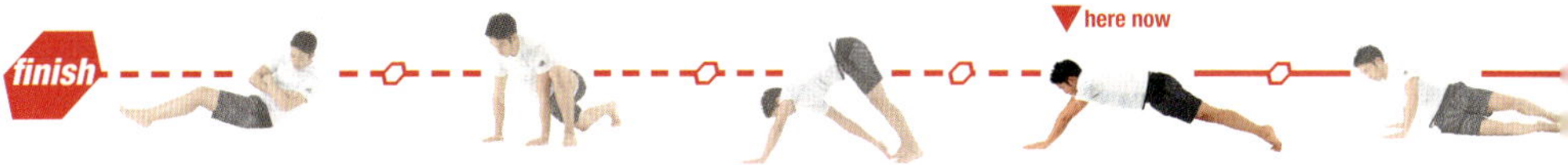

3 次は、手の位置は動かさず足を少しずつ左右交互に前に出していき、***stand by***の姿勢に戻る。***1***～***3***を繰り返す

2 できるだけ遠くまで手を前進させる。手が遠くまで伸びても、ひざがつかない状態を目標にしよう

20秒続け 10秒休み

筋肉痛がイヤな人はコレ！

体幹＋
肩甲骨まわりの
ストレッチ
▶▶P124

お腹のストレッチ
▶▶P122

の筋肉をバランスよく強化すれば、両手をどんどん遠くまで運べるようになる。また肩関節を安定させるスタビリティトレーニングにもなるため、ぐらつきもなくなるはずだ。

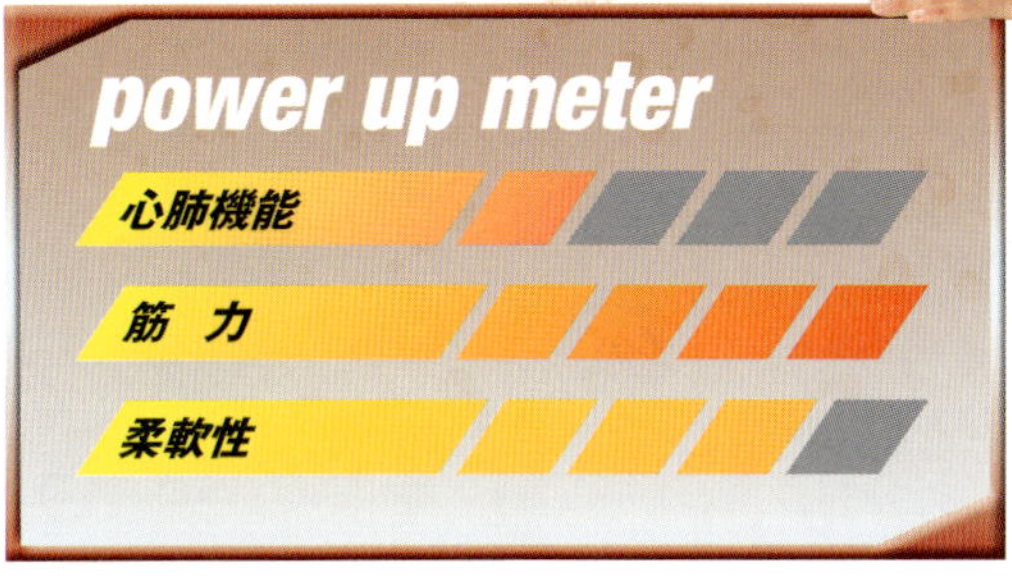

トゥタッチニーリフト

同じような姿勢が連続するが、こちらは手の位置が体に近いため腕にかかる負担が軽い、心肺系の種目だ。

つねに腕か脚を動かすことで、消費エネルギーをガンガン稼げる。両手で交互に足先をタッチする動きでは、体を支えている腕側の広背筋が、両ひざを突き出す動作では、おもに腸腰筋がターゲットとなる。なるべく大きく動いて息を上げたいので、疲れてきてもグッグッとしっかりひざを入れていこう。

20秒間刺激が入り続けるのは腹直筋。筋力が足りない、あるいは力が抜けると、腕や脚の動きにつれて体がブ

1

一方の手で
つま先をタッチ

easy

つま先ではなくひざに
タッチするとラク。
柔軟性や筋力が
低下していてもできる

stand by

四つんばいになり、ひざを
伸ばしてお尻を上げる

レやすい。腹部への意識を忘れず、できるだけブレを抑えるように行おう。ひざの動作により特に下腹部の筋肉を刺激するため、お腹まわりが気になる人にはうってつけだ。

power up meter

- 心肺機能
- 筋　力
- 柔軟性

2

20秒続け **10**秒休み

続けて、もう一方の手でつま先をタッチ

3

さらに**1**の手と同じ側のひざを正面に突き出す

4

3と逆側のひざを正面に突き出す。**1**〜**4**をリズミカルに繰り返す

ひざやつま先を床にぶつけないように注意しよう

NG

stand by

腕立て伏せの準備の姿勢になる

1 一方の足を、同じ側の手の外側にすばやく踏み出す。このとき、逆側のひざが床につかないように注意

マウンテンクライマー

お尻を高く上げて、
ひざを正面に
軽く突き出すだけならラク。
股関節が硬い人でもできる

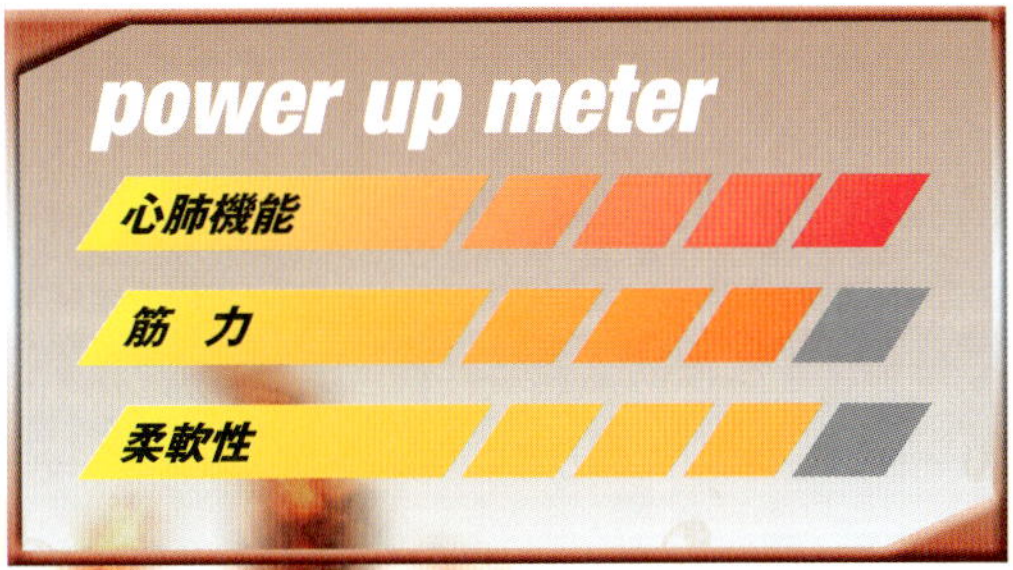

2

前に出した足をすばやく元の位置に戻すと同時に、もう一方の足を同じ側の手の外側にすばやく踏み出す。***1***、***2***をリズミカルに繰り返す

前の種目より、かなりダイナミックに脚を前後させる動作を繰り返すトレーニングだ。腸腰筋にしっかり刺激を入れると同時に、股関節のストレッチ効果も得られる。下半身の大きな筋肉を稼働させることで全身の激しい血流をうながし、心肺機能を高められる。しっかり汗をかくペースで動いて、身にまとった脂肪を燃やそう。

インチウォーム（P96参照）から続く腕立て伏せの姿勢も、ここで一区切り。すべての動作に慣れてきたら、各トレーニングをスピードアップさせることで負荷を高めよう。マウンテンクライマーが終わった段階で「限界!」と感じるまで追い込むのもありだ。

単純な動作だが、お腹がだらんと下がり体が沈んでしまわないよう注意を。脚の動きに注力しすぎず、お腹にも神経を配って姿勢のコントロールを忘れないでほしい。

スタンドアップ&ダウン

プログラムの中盤まで上半身と体幹がメインのトレーニングが続いたため、終盤は下半身をメインターゲットに設定した。

腹筋を使って起き上がるシットアップと、一方の脚だけで立ち上がるシングルレッグスクワットを組み合わせたようなスタンドアップ&ダウン。両者は腹部と脚の筋トレ効果があるうえ、組み合わせることで脂肪燃焼パワーをグッと引き上げられる、ゴールデンコンビだ。一方の脚の力だけで体を持ち上げて、お尻と脚の力を使う。

あお向けから起き上がるときは大殿筋にグッと力が入り、しゃがむ際には大腿《だいたい》四頭筋《しとうきん》やハムストリングがパワーを発揮する。高低差のある動作を続けると、下半身の大きな筋肉もフルスロットルで働く。しっかり息が上がるくらいスパートをかけて、心肺機能をガツンと上げていこう。

DVD VIDEO

あお向けになり腕を組む。息を吐きながら、すばやくお腹の力で上体を起こして足を体に引き寄せる

1

power up meter

- 心肺機能
- 筋　力
- 柔軟性

足を交差させて体を起こし、足の裏を床について一気に立ち上がる

2

easy

手を床について、起き上がったり寝転んだりするとラク

20秒続け 10秒休み

3

脚を交差させて腰を落とし、腰を傷めないようゴロンとあお向けになる。***1***～***3***をリズミカルに繰り返す

腹を凹ませて割る
6パックHIIT

6パックと表現される“割れた腹筋”をめざすなら、「もうこれ以上できない」というところまで追い込みたい。本来なら腹部は1種目をしっかり行うことで疲労困憊《こんぱい》するまで追い込むのが王道だが、飽きると追い込みも甘くなる。そこで4種目の腹筋運動でメインターゲットとなる筋肉をかえながら、まんべんなく刺激を与え引き締めていく。1種目ごとに限界の7〜8割まで追い込む気持ちで続けよう。

1 カーヴィクランチ

20秒続け 10秒休み

わき腹を縮めるイメージで上半身を左右に曲げながら行う腹筋。肩甲骨から頭までを床から上げ、両腕も負荷にしながら腹直筋と腹斜筋を同時に刺激。

20秒続け 10秒休み

repeat 1~4

レッグレイズワイパー

20秒続け 10秒休み

重量感のある両脚を負荷にして、下腹とわき腹を刺激。体勢が崩れないよう腹部にしっかりと力を込めつつ、筋力の限界まで追い込みたい。

4

あらゆる角度から腹部を刺激。たるみ腹から脱し6パックを実現!

プランク

肩から足まで一直線の姿勢を維持することで、ジワジワと体幹部にアプローチ。最後のハードな種目にそなえて少し筋肉を休ませる。

3

20秒続け 10秒休み

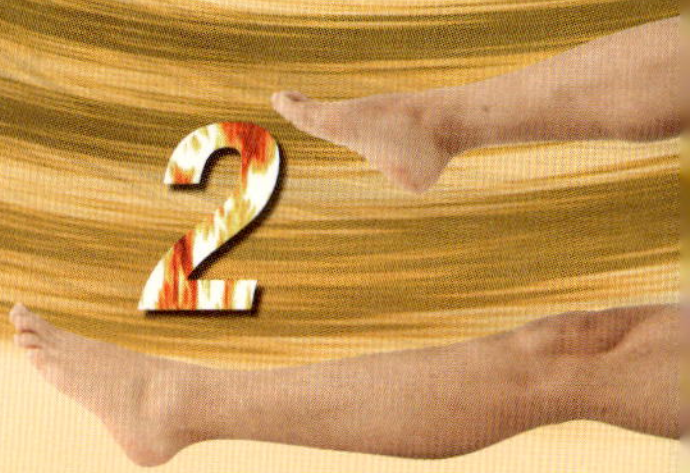

2

ツイストクランチ

上体をしっかり持ち上げ、さらにひざとひじをクロス。ウエストをグッと絞り込むことで、わき腹から腹直筋に強烈な負荷をかけ、腹のラインを刻もう。

カーヴィクランチ

わき腹をグッと縮める動作で ゆるんだ腹直筋と腹斜筋を攻める

stand by

あお向けになり両ひざを立てる。両腕は体に沿って伸ばす

1

息を吐きながら、お腹に力を入れて肩甲骨のあたりまでを起こす。両腕も同時に浮かせる

20秒続け 10秒休み

2

上体を一方の側に曲げる。わき腹を縮める意識で行うとやりやすい。両腕の高さが変わらないよう注意

3

続けて腕の高さをキープしたまま、上体をもう一方に曲げる。**2**、**3**をゆっくり繰り返す

NG

ひじを曲げ伸ばししているだけでは上体が左右にしっかり曲がらない

NG
上体が起きなければ腹筋には効かない

stand by

あお向けになり両脚は揃えて伸ばす。両手のひらを耳あたりに軽く添える

1 息を吐きながら、上体を一方の側にひねりつつ起こす。同時にひねった側の脚も、ひざを曲げながら引き寄せる。起こしきったとき、ひじを脚の外側につける

easy
両手をお尻の横に添えて補助するとラク

20秒続 10秒休み

2 いったん*stand by*の姿勢に戻る。再び息を吐きつつ、上体をもう一方の側にひねりながら起こし、同時にひねった方向の脚もひざを曲げながら体に引き寄せる。**1**、**2**をリズミカルに繰り返す

ツイストクランチ

DVD VIDEO

上半身のツイスト×脚上げのムーブメント。インナーマッスルを刺激しつつベルトに乗る脂肪の浮輪を撃退

プランク

腹筋の力で姿勢をコントロールする
体幹トレーニング。
同時に、疲労した筋肉を少し休めて
最後の種目の追い込みにそなえよ！

お尻が高くなったり、逆に落ちて腰が反ったりすると腹筋に効かない

DVD VIDEO

1 うつぶせの姿勢から、ひじをついて上体を起こす。両足は指の腹を床につけて立てる

20秒続け 10秒休み

2 息を吐きながら体を床から浮かせる。肩から足までを一直線に保った姿勢でキープ

レッグレイズワイパー

割れた腹筋を手に入れる最後の関門。ヘビーな両脚を負荷にしてゆるんだ下腹&わき腹を震撼させる！

DVD VIDEO

standby

あお向けになり、両腕は肩の高さで左右に伸ばし、手のひらを床につける

1

両脚を床に対し直角になる位置まで上げる

20秒続け
10秒休み

2

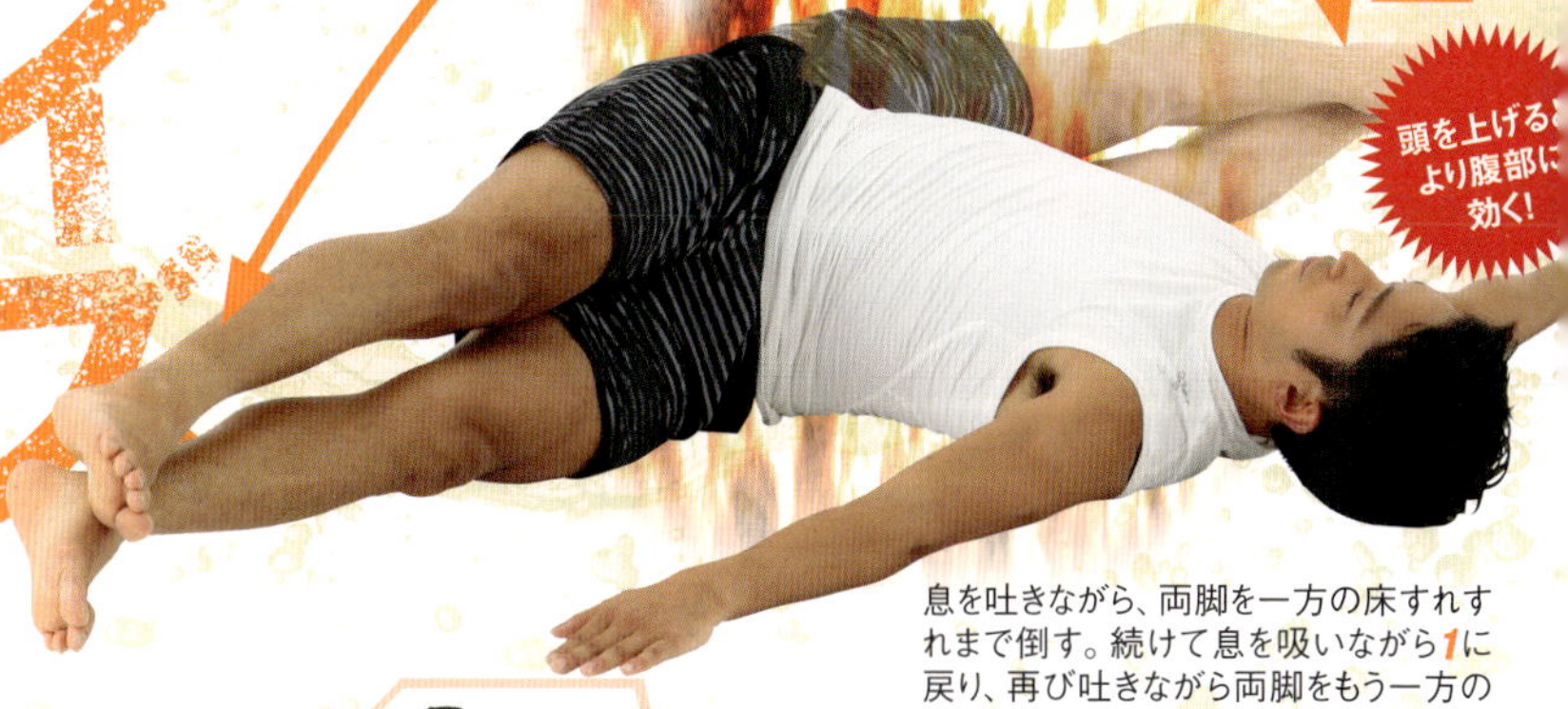

頭を上げる
より腹部に
効く！

息を吐きながら、両脚を一方の床すれすれまで倒す。続けて息を吸いながら**1**に戻り、再び吐きながら両脚をもう一方の側へ倒す。これをリズミカルに繰り返す

easy

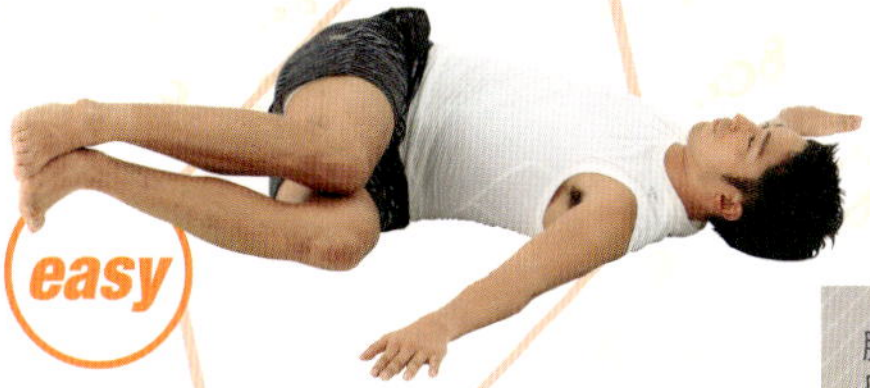

ひざを直角に曲げたまま行うとラク。ひざや腰が痛む人も比較的やりやすい

NG

脚を倒したときに床についたり、逆側の腕が床から離れたり、両脚の位置がお尻のほうへ下がったりすると腹筋に効かない

筋肉痛がイヤな人はコレ！

お腹のストレッチ ▶▶ P122
わき腹のストレッチ ▶▶ P123

column III

脂肪を燃やす！ HIITのタイミング

体脂肪の減少を狙うなら、少なくとも週2回のHIITを実践したい。やればやるほど効果を期待できるため、最大、週5日間行ってもいい。ここでは生活習慣に合わせて効率よく脂肪を燃やすHIITの実践プランを提案する。

Plan A 昼間は仕事、夜にHIIT

スケジュールは2タイプ。体脂肪燃焼を優先するなら、HIITの1～2時間前に夕食を。筋肉をなるべく落としたくない場合、HIIT後に卵、豆腐、するめいかなどやプロテインのサプリメントを摂ろう。さらに体脂肪を落としたい人は、夕飯の炭水化物を減らすのもいい。

Plan B 昼間は仕事、早朝にHIIT

HIITは心拍数が上がりやすいので、寝起きに実践することは健康上おすすめしない。朝の時間を運動に当てたいなら、まずはウォーキングを。コースの途中にある公園で軽めのHIITを行い、再びウォーキングで帰宅。そもそも体脂肪が燃えやすいタイミングなので有酸素運動をミックスするのはかなりの効果が期待できる。公園では行いにくい人は帰宅後にHIITを。

Plan C 休日にA+B

休日は最大限の体脂肪燃焼をうながすため、A＋Bのプランを1日で実行しよう。また、「ダッシュして（筋肉にクッと力が入るように）止まる」動きがある遊びは、そのものがHIIT。レジャーと兼ねれば時間短縮にもなり、一石二鳥だ。ボールを使った遊びやスポーツが代表的で、テニスはHIIT的効果が非常に高い。また、子どもとの遊びであればフリスビーもいい。

Plan D 有酸素運動や筋トレと組み合わせる

HIITは脂肪燃焼の準備になる。ジョギングなど有酸素運動を行う習慣がある人は、その前にHIITをこなすと以降の脂肪燃焼効率が高まる。筋トレと組み合わせる場合には、筋トレ後にHIITを行おう。ただし週に1日は、筋トレもHIITもやらない完全休養日を設けたい。筋肉を休めることで日々のトレーニングの精度が上がる。

APPENDIX 1

HIITの効率を最大化させるための食事術

HIIT の効率を最大化させるための 食事術

point 1

糖質は「必要なとき」に摂る

ご飯やパンなどに多く含まれる糖質は、体をしっかり動かすときのエネルギー源で、筋肉の成長にも強く関わる。「運動前に食べて元気に動く」「運動したら食べて回復させる」と考えよう。運動もしていないのにいつもどおり摂っていたら、まず間違いなくエネルギータンク（＝脂肪細胞）に直行する、と思っていい。

1日3食のうち、適量摂るべきは朝食と夕食。朝食の糖質は、通勤や仕事で消費できる。肉体労働でなければ糖質消費量は少ないため、昼食の糖質は抜いても問題ない。夕食までに必要な糖質は、昼食の野菜などに含まれる量で充分足りる。

運動する日は、夕食でも通常どおり糖質を摂ろう。できれば帰宅後、おにぎりなどを食べてエネルギーを満たし、夕食前（糖質は献立から抜く）に運動すると余剰エネルギーを減らせるので、なおよい。ただし糖質は、すぐに使わないと脂肪になりやすいため、できるだけ運動の30〜60分前までに食べよう。

夕飯で炭水化物を抜いてもいいが「食べられないストレス」で続かないリスクも高いので、無理は禁物。運動しない日は少量にするだけでもいいだろう。

脂肪は、つねに余剰エネルギーを欲し
「いつでも蓄えますよ！」と待ちかまえている。
さすがに“大盛り無料”などに惑わされることはないと思うが、
消費する以上に食べれば脂肪細胞は太って増える一方だ。
「筋肉を削らず体脂肪を減らす」体づくりには食事の工夫も重要。
2つのポイントをふまえてHIITをこなせば、
最短ルートで体が変わるだろう。

point 2

血糖値が急激に上がらない工夫を

糖質の選び方や食べる順番にはコツがある。

糖質を多く含むものを食べると、血液中の糖（血糖）の値が一気に上昇。すると急上昇した血糖値を正常に戻そうと、多量のインスリンが分泌される。インスリンには脂肪の合成を高め分解を抑制する力があるため、分泌されるほど太りやすくなる。

GI値（グリセミック指数）とは、食べたあとに血糖値が上がるスピードを食品ごとに数値化したもので、高い食品ほど血糖値が急激に上昇する。逆にGI値の低い食品を摂っても血糖値の上昇はゆるやかで、インスリンが過剰に分泌されることもない。また、GI値の低いものを先に食べておくと、次に高GI値のものを食べても血糖値は上がりにくくなると言われている。同じメニューでも低GI値のものから食べれば脂肪がつくリスクが低くなることが期待できる。

一般的には白米よりも玄米、うどんよりもそばなど、見た目が白いものより茶色のもののほうが、GI値が低い傾向にある。「何を食べるか」「何から食べるか」だけで太りやすさに違いが出るのだから、ぜひ実践したい。

燃やす! 献立アドバイス

朝食／きちんと食べている?

BAD

- バターを塗ったパン
- ベーコン+エッグ
- 市販の野菜ジュース

- コーヒー
- 菓子パン

GOOD

- パン（バターなし）
- 果物
- 卵料理

- コーヒー
- ゆで卵
- 果物

EAT RIGHT!

菓子パン&コーヒーは完全デブ食

朝はエネルギー源となる糖質を摂り、その日の仕事や勉強にそなえたい。タンパク質も卵などで必ず摂ること。「卵は1日2個まで」と言われ続けてきたが、その制限は撤廃され始めた。食事で摂取するコレステロールの量と血中コレステロール値の関係性を示す充分な科学的データはないからだ。だから1日2個以上でもOKだが、調理で油を使う場合はパンのバターは控えよう。物足りないときはカッテージチーズやチェダーチーズなど、低糖質のチーズをのせてもいい。

時間のない朝は果物だけでもOK。新鮮な季節の果物なら何でもいい。飲酒の翌朝はカリウムを多く含むバナナがおすすめだ。夏みかん、はっさく、オレンジといったかんきつ類もカリウムが多いので、むくみ解消に役立てよう。

よく見かけるコーヒーと菓子パンの組み合わせには、摂りたい栄養素がほとんどない。菓子パンは高GI値・高エネルギーなので脂肪の蓄積に直結する。せめてコーヒーとゆで卵にしよう。卵は一度にゆでて常備するといい。ベーコンは塩分過多になるのでNG。市販の野菜ジュースは糖分過剰のものが多いので、注意が必要だ。和定食はもちろんおすすめ。主食を全粒粉パンやライ麦パン、玄米と低GI値の食品にすれば、なおいいだろう。

昼食／大盛り分はもれなく脂肪に

BAD

- パスタ
- カレーライス
- ラーメン
- 天ぷらそば
- かつ丼

GOOD

- 焼き魚定食（白米抜き）＋豆腐

- 肉・魚のグリル（パン、白米抜き）
- スープ
- サラダ

- サラダチキン＋低糖質のパン
- 野菜サラダ
- 牛乳・無調整豆乳

EAT RIGHT!

コンビニ食を、あなどるなかれ

丼ものなど単品になりがちな昼食は、たいてい糖質が多くタンパク質が少ない。だが昼食こそ炭水化物を抜き、午後は体に蓄えられた脂肪を燃やす時間に仕向けたいところ。どうしても食べたいときは低GI値の海藻、キノコの小鉢やノンオイルドレッシングのサラダを頼み、主食よりも先に食べてGI値の急上昇をできるだけ抑えよう。昼食のベストは和定食。白米は半量にするか断ること。お財布に余裕があれば冷ややっこを追加注文、あるいはコンビニで購入したい。洋食は選びにくいが、油を多用しないシンプルな肉や魚のグリルがいいだろう。

意外かもしれないが、コンビニのラインナップでも高タンパク・低糖質の昼食は簡単に入手できる。塩焼き鳥、冷ややっこ、ゆで卵、サラダチキン（調理済みの鶏むね肉）、納豆などのタンパク源に、サラダ、キノコや海藻、豆類の副菜をつける。最近では低糖質のパンも売っているので、それにはさむのもいい。

どの場合もサラダのドレッシングはノンオイル、または塩コショウだけで食べたい。タンパク源でも脂質過多につながる揚げ物や天ぷらには注意が必要。揚げものや天ぷら→炒めもの→蒸しものや焼きもの　の順に油分が少ないので、かつ丼よりはしょうが焼き、しょうが焼きよりは豚しゃぶ、という選択を心がけたい。

間食／タンパク質にチェンジしよう

BAD

- 洋菓子
- キャンディ
- 氷菓子・アイスクリーム・アイスミルク

GOOD

- ゆで卵
- ヨーグルト
(砂糖不使用がベター)
- ちくわ
- 牛乳・豆乳
- するめ
- ナッツ類

EAT RIGHT!

「食べるな」とは言わない、選べ

スナックや菓子類ではなく、できればタンパク源を摂ろう。砂糖を大量に使用した菓子類はエネルギー過多なうえGI値が高い。つまり脂肪として蓄積されやすいので、なるべく控えたい。

ここでもコンビニがかなり役に立つ。砂糖不使用のヨーグルト、豆腐、ゆで卵、ちくわ、かにかま、パストラミ、生ハム、ノンオイルのツナ、めざし、するめなど。なかでもサラダチキンという、そのまま食べられる調理済みの鶏むね肉はかなりおすすめ。しっかり食べたい人は、昼食でも触れた低糖質パンにはさんでもいい。一方、さばの缶詰はタンパク質をたっぷり摂れるが、カロリーも高いので注意を。不摂生が続いてタンパク質不足を感じるときに選ぶとよい。

甘いものがほしいときは果物がベスト。果物なら何でもいいが、低糖質にこだわるならベリー類やグレープフルーツがおすすめだ。どうしても菓子類を食べたいなら洋菓子よりも和菓子がいい。特に洋菓子のなかでも脂肪分の高い生クリーム系、トランス脂肪酸（マーガリンやショートニングなど）の表示があるものは手を出すべきではない。

居酒屋／じつは糖質制御の強〜い味方

BAD

- 唐揚げ
- コロッケ
- ラーメン
- 餃子
- 揚げ出し豆腐
- フライドポテト

GOOD

- 焼き魚
- 刺身
- 漬物
- キノコのマリネ
- 冷ややっこ
- 煮物
- 焼き鳥
- おでん
- 鍋物
- 海藻のサラダ

EAT RIGHT!

「いつもの」を一品ずつ見直すべし

酒の席では難しいと思うかもしれないが、居酒屋は意外と脂肪燃焼食が充実しているうえ、一品一品、必要なものだけを選べるためコントロールしやすい。肉、魚、大豆製品は「アミノ酸スコア100」の食材を選ぶといいので、次ページを参照いただきたい。特に、ほっけ、めざし、あじといった焼き魚は良質なタンパク源なので、積極的に食べよう。

席に着いたらまずビール、という心情はわかるがGI値コントロールをするなら、まずはキノコや海藻、豆腐など低GI値のつまみからスタートを。お酒も日本酒、ビールよりも焼酎、ジン、ウイスキーなどのほうが糖質は少なく、おすすめだ。

言わずもがな、深夜の炭水化物と脂肪分の組み合わせは体脂肪燃焼の面からも健康の面からも避けたい組み合わせ。ラーメンや餃子はその代表格なので、極力手を出さないようにしたい。

なお、自宅での夕食は昼食と同じく、肉、魚といったタンパク源と野菜を中心にする。HIITを実践する日は通常どおり糖質を食べてもいい。

迷ったらチェック!

GOOD or BAD?

食べていいもの・ダメなものリスト

身近なメニューや食材のなかから、高タンパク・低糖質・低脂質を基準にして、脂肪がつきやすいもの、つきにくいものをリストアップ。外食時や間食を選ぶときに迷ったら参考にしてほしい。

BAD	GOOD
天ぷらそば	鴨南蛮そば
天丼、かつ丼	親子丼
かけうどん	かけそば
ラーメン	タンメン
ハンバーグ定食	ヒレ肉のステーキ、豚しゃぶ定食
クリームソースのパスタ	トマトソース、オイルのパスタ
ハンバーガー	牛肉100%ハンバーガー
サンドイッチ	おにぎり、寿司
牛カルビ	牛ヒレ、牛タン
豚ロース	豚ヒレ、ラム肉、鶏肉
餃子定食	レバニラ炒め定食
クリームシチュー	ポトフ
ビビンバ	冷麺
唐揚げ定食	焼き魚・煮魚定食、焼き鳥定食
さつま揚げ	がんもどき

BAD	GOOD
はるさめ	しらたき、こんにゃく
白米	玄米
白いパン	全粒粉パン、ライ麦パン、低糖質パン
クリームチーズ	カッテージチーズ
ケーキ	カステラ、チーズケーキ
ゼリー	プリン（タンパク質を優先）
氷菓子、アイスミルク	アイスクリーム（タンパク質を優先）
クッキー	せんべい
チョコレート	カカオ70%以上、またはシュガーレスの板チョコ
ジュース	カフェオレ（砂糖なし）／コーヒー／紅茶／緑茶
日本酒、ビール	焼酎、ジン、ウォッカ、ウイスキー
マーガリン	バター
コーヒー用クリーム	牛乳、豆乳
白砂糖	黒砂糖

アミノ酸スコア100 おもな食材リスト

アミノ酸スコアとは、食材に含まれる9種類の「必須アミノ酸」のバランスを数値化したもの。必須アミノ酸はタンパク質形成に欠かせない栄養素で、スコアが100に近い食材ほどすべての必須アミノ酸をバランスよく含む。アミノ酸スコア100の食材は良質なタンパク源となるので、積極的に食べてほしい。

- あじ
- いわし
- うなぎ
- かつお
- 牛肉
- 牛乳
- さけ
- さば
- さんま
- ししゃも
- たら
- 鶏むね肉
- 豚肉
- ぶり
- まぐろ
- 鶏卵

（七訂　日本食品標準成分表より）

APPENDIX 2

HIITがもっとうまくいく！
疲れを残さない！
ストレッチ

HIITがもっとうまくいく！ 疲れを残さない！ ストレッチ

太もも裏側（ハムストリング）

1 ひざを伸ばしたまま床に座る

2 息を吐きながら上体を前に倒し、脚の裏側に伸びを感じながら15秒キープ

point 腰から曲げるのではなく、骨盤から倒すように上体を前に傾ける

太もも前側（大《だい》腿《たい》四《し》頭《とう》筋《きん》）

1 横向きに寝て、下になった脚を前に出してひざを曲げる。上になった脚は同じ側の手で足の甲をつかむ

2 息を吐きながら、つかんだ足のかかとをお尻の後ろに近づけて引っ張る。太ももの前側を伸ばし15秒キープ

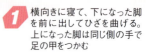

運動不足や体力の低下を自覚している人の多くは体が硬い。
たしかに運動不足や過労に陥った筋肉は硬くなり、
悪化すればこりや痛みを発症する。
あまりに硬いままトレーニングしても正しいフォームで動作できないことも。
すると本来得られるはずの運動効果が得られないおそれが高まる。
ここでは、各種目の動きをよくする、
あるいは疲れを残さないためのストレッチを紹介する。
運動前に行えば関節がほぐれて動作がスムーズになるし、
運動後なら筋肉痛や過労のリスクを回避できる。
特に「硬い」と自覚する部位がある人は
HIITのプログラムと併せて実践してほしい。

ふくらはぎ（ヒラメ筋）

正座から一方のひざを立てる。太ももに上体を預けてひざを前に倒し、ふくらはぎに伸びを感じながら15秒キープ。かかとが浮かないよう注意

股関節まわり（大殿筋《だいでんきん》、腸腰筋《ちょうようきん》）

1 両足を揃えて立つ

2 一方の足を大きく一歩前に踏み出す

3 そのまま腰を下ろし、ひじが床につくくらい上体を前傾。脚のつけ根に伸びを感じながら15秒キープ

お腹（腹《ふく》直《ちょく》筋《きん》）

1. 床にうつぶせになり、胸の左右で手のひらを床につく
2. 両腕のひじを伸ばしながら上体を起こす。お腹に伸びを感じながら15秒キープ

背中（脊《せき》柱《ちゅう》起《き》立《りつ》筋《きん》）

1. 両ひざを立てて座り、ひざの裏あたりで指を組む
2. 息を吐きながら腰を後ろに突き出すようにして背中を丸める。腰、背中、首に伸びを感じながら15秒キープ

わき腹（腹斜筋《ふくしゃきん》）

1 あお向けになり、両腕は肩の高さで左右に伸ばして手のひらを上に向ける

2 一方の脚でもう一方の脚をまたぎ、ひざを直角に曲げながら床につける。わき腹のねじれを感じながら15秒キープ

肩前側（三角筋前部《さんかくきんぜんぶ》）

1 両ひざを立てて座り、両手のひらを床につく

2 息を吐きながら、お尻をゆっくり前に移動させる。肩の前側に伸びを感じながら15秒キープ

肩の横・後ろ（三角筋側部《さんかくきんそくぶ》・後部《こうぶ》）

1. 体の前に伸ばした腕に、もう一方の腕をひじの下からかけて引き寄せる。伸ばした腕は手のひらを上に向ける
2. 伸ばした腕を肩から手前にひねって、手のひらを正面に向ける。さらに腕を引き寄せ、肩まわりに伸びを感じながら15秒キープ

体幹《たいかん》＋肩甲骨まわり

1. 壁を前にして立ち、両足を肩幅に開く。頭より高い位置で両手のひらを壁につく
2. 息を吐きながら、お尻を後ろに突き出して上体を反らせる。上体に伸びを感じながら15秒キープ

胸まわり（大胸筋《たいきょうきん》）

1 壁を横にして立つ。壁側のひじは肩と高さを揃え、手のひらを壁につく

2 息を吐きながら、壁と逆側に上体をひねる。上腕から胸に伸びを感じながら15秒キープ

太もも内側（内転筋《ないてんきん》）

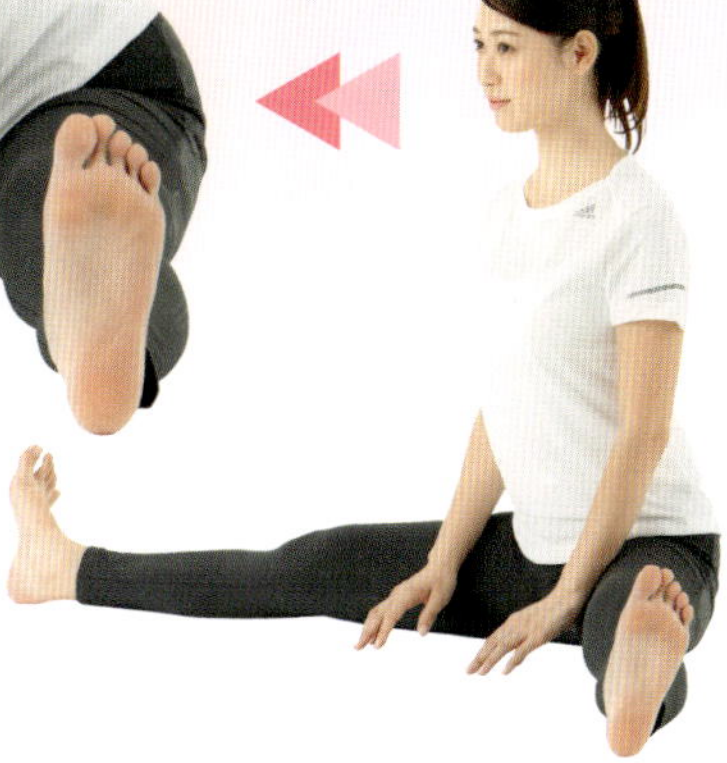

1 両脚をできるだけ広く左右に開いて座る。下腹をグッと前に出して骨盤を立てる

2 息を吐きながら、上体を前に倒す。このとき腰を丸めるのではなく、骨盤から前に倒す意識で行う。太ももの内側に伸びを感じながら15秒キープ

HIITで鍛えられる筋肉図

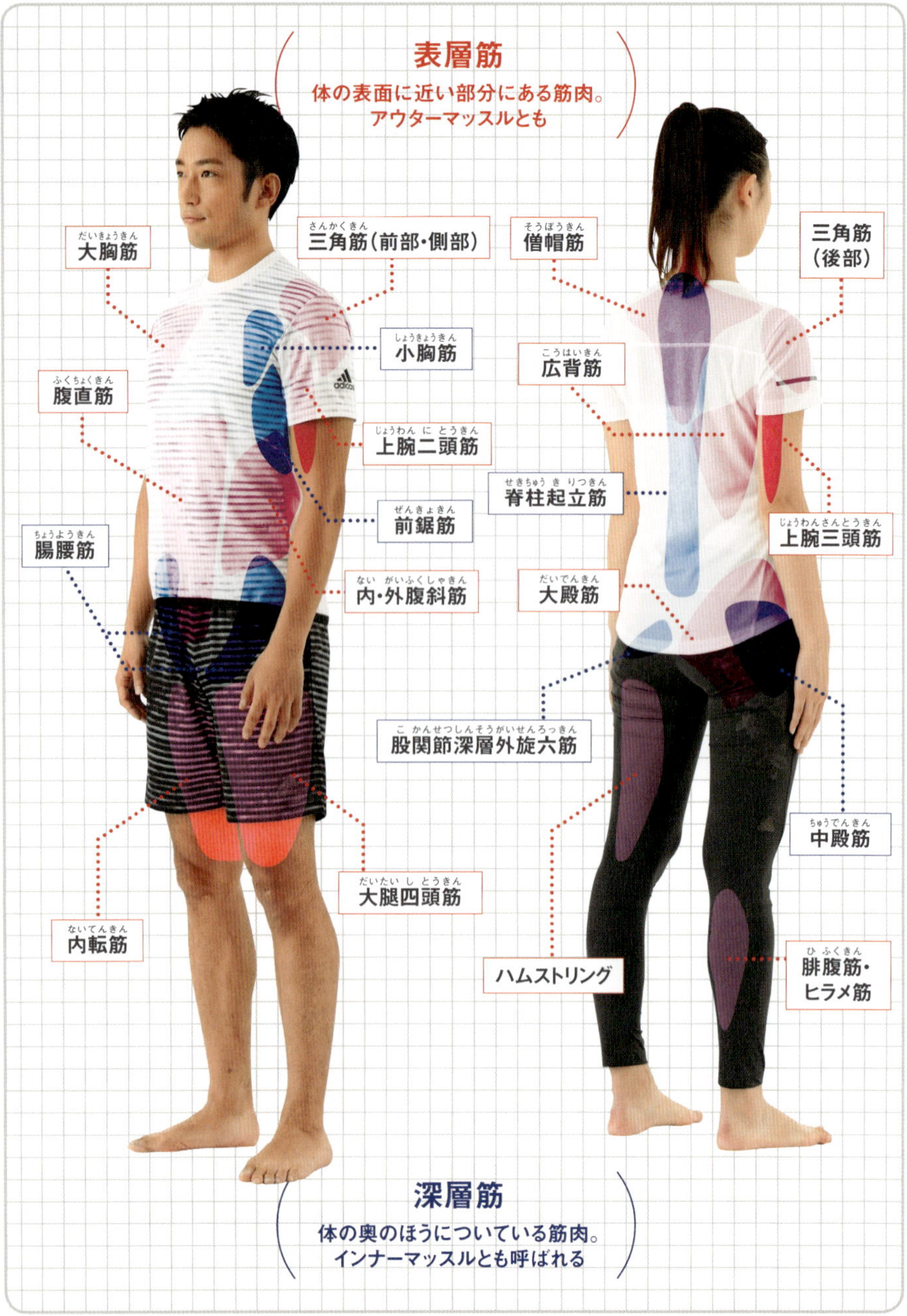

岡田 隆（おかだ・たかし）

1980年、愛知県生まれ。日本体育大学准教授。理学療法士、日本体育協会公認アスレティックトレーナー、NSCA CSCS、JATI-ATI。JOC強化スタッフ（柔道、水泳）、柔道男子ナショナルチーム総務コーチ（フィジカル強化担当）、水球日本代表強化スタッフ、日本ボディビル・フィットネス連盟選手強化委員。日本体育大学卒。日本体育大学大学院体育科学研究科修了。東京大学大学院総合文化研究科博士後期課程単位取得満期退学。2014東京オープンボディビル選手権大会70kg以下級優勝。
トレーニング法や食事法など肉体改造に関する最新情報を世界中から集め、自らの体で試しつつ検証を重ね有効なものをトップアスリートに伝授している。「鋼鉄の肉体を誇る錬筋術師」の異名を持つ。

HIIT 体脂肪が落ちる最強トレーニング

2016年5月30日　初 版 発 行
2022年2月10日　第 8 刷発行

著　　者　岡田 隆

発 行 人　植木 宣隆

発 行 所　株式会社サンマーク出版
東京都新宿区
高田馬場2-16-11
電話 03-5272-3166

印刷・製本　共同印刷株式会社

定価はカバー、帯に印刷してあります。
落丁・乱丁本はお取り替えいたします。

ISBN978-4-7631-3496-7 C2075

ホームページ　http://www.sunmark.co.jp

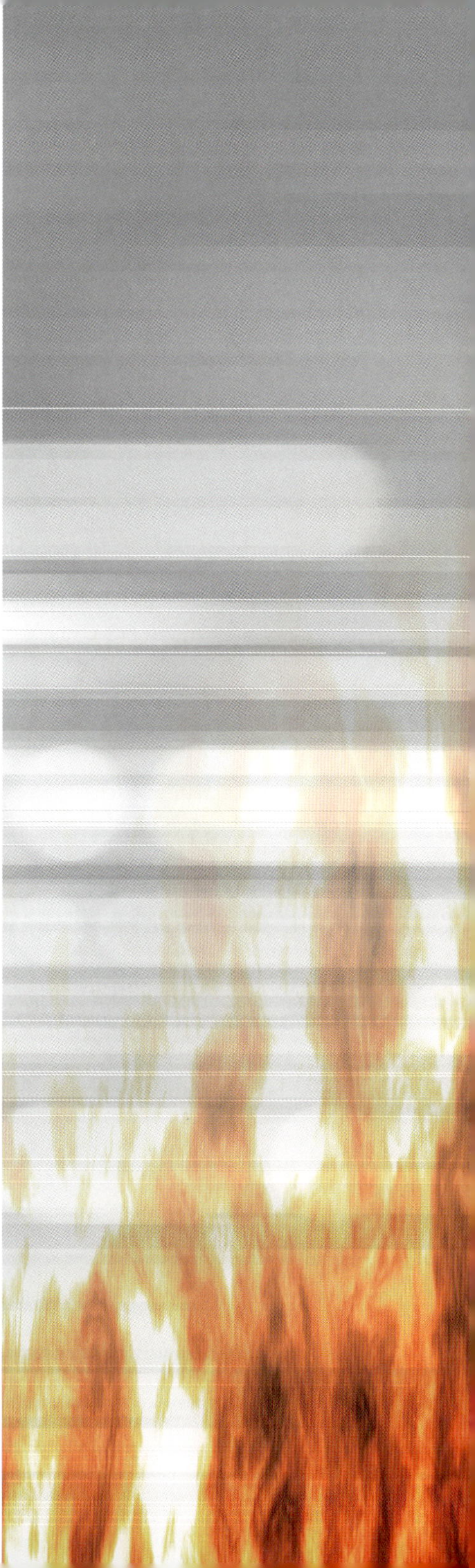